Herausgeber
Falk Staub

Tous ensemble

für den schulischen Französischunterricht

Grammatisches Beiheft
von Frank Maurer

Ernst Klett Verlag
Stuttgart Leipzig

Tous ensemble 3
Grammatisches Beiheft

Bildquellennachweis

Corbis (Alexandra Boulat / VII), Berlin, **32.1**; Dembski, Patrick, Stuttgart, **52.1**; Getty Images (FRED DUFOUR/AFP), München, **12.1**; iStockphoto (wdstock), Calgary, Alberta, **30.1**; Klett-Archiv (Jessica Hath), **46.1**; (Patrick Dembski), **31.3**, **44.1**; (Prisca Martaguet), Stuttgart, **33.2**; Kramer, Ilka, Lausanne, **9.1**, **25.1**, **30.2**, **30.3**, **30.4**, **31.1**, **31.2**; Les Restos du Coeur, Paris, **33.1**; shutterstock (Ann Worthy), **27.3**; (Wavebreak Media), New York, NY, **27.4**; Thinkstock (Pixland), **27.1**; (Wavebreak Media), München, **27.2**.

Sollte es in einem Einzelfall nicht gelungen sein, den korrekten Rechteinhaber ausfindig zu machen, so werden berechtigte Ansprüche selbstverständlich im Rahmen der üblichen Regelungen abgegolten.

1. Auflage   1   11   10   9   8   7 | 26   25   24   23   22

Alle Drucke dieser Auflage sind unverändert und können im Unterricht nebeneinander verwendet werden.
Die letzte Zahl bezeichnet das Jahr des Druckes.
Das Werk und seine Teile sind urheberrechtlich geschützt. Jede Nutzung in anderen als den gesetzlich zugelassenen Fällen bedarf der vorherigen schriftlichen Einwilligung des Verlages. Hinweis § 52 a UrhG: Weder das Werk noch seine Teile dürfen ohne eine solche Einwilligung eingescannt und in ein Netzwerk eingestellt werden. Dies gilt auch für Intranets von Schulen und sonstigen Bildungseinrichtungen. Fotomechanische oder andere Wiedergabeverfahren nur mit Genehmigung des Verlages.

© Ernst Klett Verlag GmbH, Stuttgart 2015. Alle Rechte vorbehalten. www.klett.de

Herausgeber: Falk Staub, Saarbrücken
Autor: Frank Maurer, Stuttgart

Redaktion: Lektorat editoria, Cornelia Schaller, Fellbach
Herstellung: Birgit Gaab

Satz: Claudia Becker, Beckers Büro, Stuttgart
Umschlaggestaltung und Layout: know idea, Freiburg
Illustrationen: Christian Dekelver, Weinstadt; Klett-Archiv; Inge Voets, Berlin; Myrtia Wefelmeier, Berlin; Daniela Wolfer, Stuttgart
Reproduktion: Meyle+Müller, Medien-Management, Pforzheim
Druck: Druckhaus Götz GmbH, Ludwigsburg

Printed in Germany
ISBN 978-3-12-623623-2

Vorwort

Liebe Schülerin, lieber Schüler,

Das **Grammatische Beiheft** ist eine Ergänzung zu deinem Französischbuch.
Es bietet dir **Hilfe,** wenn du bei den Hausaufgaben Unterstützung brauchst,
einmal krank warst oder dir im Unterricht einfach mal etwas durch die Lappen
gegangen ist.
Es hilft dir auch bei der Vorbereitung von Klassenarbeiten und Tests.
Im Grammatischen Beiheft findest du ausführliche **Regeln, Erklärungen,**
Informationen und **Tipps** zu den grammatischen Erscheinungen, die im
Schülerbuch durchgenommen werden. Den Gesamtüberblick leistet das
chronologische **Inhaltsverzeichnis.**
Nach den wichtigsten Lektionen kannst du kurz dein Können testen. Mach in
deinem Heft die **Übungen** aus dem Teil ‚*Alles klar? – Du bist dran!'*. Eine Rück-
meldung bieten dir die Lösungen dazu, die du im Anhang findest. Du kannst
die Übungen auch als Arbeitsblatt (ohne und mit Lösungen) herunterladen:
www.klett.de Code: **73cn22.**
Doch das ist längst noch nicht alles.
Wichtige **Redemittel,** die du in deinem Französischunterricht lernst, findest
du zum Nachschlagen ab Seite 54. Dazu auch eine **Übersicht über die Verben,**
die du brauchst, wenn du dich auf Französisch ausdrücken möchtest.
Die **Lernstrategien** aus dem Schülerbuch findest du noch einmal im Überblick.
Schlag einfach mal nach. Vielleicht ist etwas für dich dabei.
Möchtest du ein Grammatik-Thema wiederholen, schlage im **Stichwortver-**
zeichnis nach. So findest du schnell das richtige Kapitel. Und wenn dir ein
Begriff, den du im Unterricht gehört hast, nicht klar ist, schau ins **Verzeichnis**
der grammatischen Begriffe. Hier werden sie noch einmal an Beispielen
erklärt.

Wir wünschen dir viel Spaß beim Lernen
und Nachschlagen im Grammatischen Beiheft.

Die Französisch-Redaktion

Erklärung der Symbole

F / D / E Hier gibt's Hinweise zum
Vergleich mit anderen
Sprachen.

trois 3

Inhalt

Paragraph		Grammatische Struktur	Lektion	Seite
Nomen und Begleiter				
G1	un copain / des copains	Nomen und Artikel	Révision	7
G2	mon, ton, son …	Die Possessivbegleiter	Révision	8
G3	ce / cet / cette / ces …	Die Demonstrativbegleiter	→ L 4	9
	Alles klar? – Du bist dran!	Übungen		9
G4	tout le … / toute la …	Die Indefinitbegleiter	→ L 5	10
	Alles klar? – Du bist dran!	Übungen		10
Adjektive				
G5	content / contente		→ L 1 / L 5	11
*__**G6**__	beau / nouveau		→ Extra 4	12
	Alles klar? – Du bist dran!	Übungen		12
Verben und Zeiten				
G7	Je sors avec les copains.	Das Präsens		13
	Verben auf -er		Révision	13
	Verben auf -dre		Révision	13
	Verben auf -ir		→ L 3	14
	Verben auf -ir mit Stamm-Erweiterung		→ L 4	14
	Reflexive Verben		→ Extra 2	15
G8	Ecoutez.	Der Imperativ	Révision	15
G9	Qu'est-ce que tu as fait hier?	Das *passé composé*		16
	1. Das passé compose mit *avoir*		Révision	16
	2. Das passé composé mit *être*		→ L 3	17
*__**G10**__	C'était super!	Das *imparfait*	→ Extra 3	19
G11	Qu'est-ce que tu vas faire demain?	Das *futur composé*	Révision	19
	Alles klar? – Du bist dran!	Übungen		20
G12	Non, je ne veux pas.	Die Verneinung	→ L 1 / L 4 / L 5	21

4 quatre

Inhalt

Paragraph		Grammatische Struktur	Lektion	Seite
Pronomen				
G13	**Pour toi**	Unverbundene Personalpronomen	→ L 2	22
G14	**Il lui montre …**	Das indirekte Objektpronomen	→ L 1 / L 2	22
G15	**Je l'apporte.**	Das direkte Objektpronomen	→ L 4	23
	Alles klar? – Du bist dran!	Übungen		24
Satz				
G16		Der einfache Satz	→ L 3	25
	Alles klar? – Du bist dran!	Übungen		27
G17		Verben mit Infinitivsatz	→ L 2	28
G18		Der Fragesatz	Révision	29
G19	**Vous faites quel métier?**	Die Frage mit *quel / quelle*	→ L 5	30
G20		Indirekte Rede / Indirekte Frage	→ L 2 / L 4	30
	Alles klar? – Du bist dran!	Übungen		31
G21		Der Relativsatz mit *qui, où, *que*	→ L 5 / Extra 5	32
	Alles klar? – Du bist dran!	Übungen		32
Mengen				
G22	**Tu bois du lait?**	Unbestimmte Mengenangaben	→ L 3	33
G23	**Où est ma bouteille d'eau?**	Bestimmte Mengenangaben	→ L 5	34

cinq **5**

Inhalt

Paragraph	Grammatische Struktur	Lektion	Seite

Konjugationstabelle

G24			
1. Verben auf *-er*			35
Verben auf *-er* mit Besonderheiten			35
2. Verben auf *-dre*			36
3. Verben auf *-ir*			37
Verben auf *-ir* mit Stamm-Erweiterung			37
4. Reflexive Verben			37
5. Unregelmäßige Verben			38

Anhang

Stratégies	Die wichtigsten Lernstrategien		41
Redemittel			54
Lösungen der Übungen			61
Verzeichnis der grammatischen Begriffe			63
Stichwortverzeichnis			64

Grammaire G

Nomen und Begleiter

G1   un copain / des copains – Nomen und Artikel

un copain   une copine   le copain   l'ami / l'amie   la copine

des copains   les copains

Beachte:

un gâteau	des gâteaux		un animal	des animaux
un cadeau	des cadeaux		un cheval	des chevaux
un bateau	des bateaux		un jeu	des jeux
un bureau	des bureaux			
un couteau	des couteaux			
un réseau	des réseaux			

Berufsbezeichnungen

un acteur / une actrice	Schauspieler/in	un chanteur / une chanteuse	Sänger/in
un animateur / une animatrice	Freizeitbetreuer/in	un coiffeur / une coiffeuse	Friseur/in
un moniteur / une monitrice	Freizeitbetreuer/in	un serveur / une serveuse	Kellner/in
un cuisinier / une cuisinière	Koch / Köchin	un vendeur / une vendeuse	Verkäufer/in
un infirmier / une infirmière	Krankenpfleger/in	un médecin / une médecin	Arzt / Ärztin
un boulanger / une boulangère	Bäcker/in	un professeur / une professeur(e)	Lehrer/in

- **Un** und **une** sind **unbestimmte Artikel**.
- *Sie stehen vor Nomen im* **Singular.**
- **Un** *steht vor männlichen,* **une** *vor weiblichen Nomen.*
- **Des** *ist der* **unbestimmte** *Artikel im* **Plural** *für alle männlichen und weiblichen Nomen.*

- **Le** *und* **la** *sind bestimmte Artikel.*
- *Sie stehen vor Nomen im* **Singular.**
- **Le** *steht vor männlichen,* **la** *vor weiblichen Nomen.*
- **Les** *ist der* **bestimmte** *Artikel im* **Plural** *für alle männlichen und weiblichen Nomen.*

👄 *Das* **-s** *bei* **des** *und* **les** *wird nur vor Wörtern ausgesprochen, die mit Vokal oder „stummem h" beginnen. Man nennt das Liaison (Bindung), weil man zwei Wörter in der Aussprache miteinander verbindet:*

Des autoroutes, les histoires

F / D / E

Im Französischen gibt es den **unbestimmten Artikel** *im* **Plural (des)***, im Deutschen und Englischen nicht.*

F	*Tu as*	**des**	*chaussures pour moi?*
D	*Hast du*	–	*Schuhe für mich?*
E	Do you have	–	shoes for me?

sept   **7**

G Grammaire

G2 mon, ton, son … – Die Possessivbegleiter

Mit den Possessivbegleitern kannst du Beziehungen zwischen Personen und Besitzverhältnisse beschreiben.

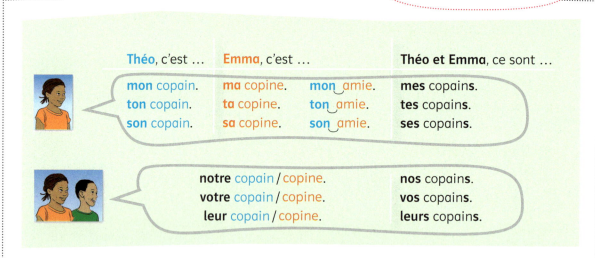

- *Die **Possessivbegleiter** stehen vor dem Nomen und zeigen einen **Besitz** an (mein/e, dein/e …).*
- *Sie richten sich nach dem Geschlecht des Nomens, nicht nach dem Geschlecht des Besitzers (**le** copain → **mon** copain, **la** copine → **ma** copine).*
- ***Mon, ton, son, ma, ta, sa:** **Eine Person** hat etwas (mein/e, dein/e, sein/e, ihr/e).*
- ***Mes, tes, ses:** **Eine Person** hat mehrere von etwas (meine, deine, seine, ihre).*
- ***Notre, votre, leur:** **Mehrere Personen** haben etwas (unser/e, euer/eure, ihr/e).*
- ***Nos, vos, leurs:** **Mehrere Personen** haben mehrere von etwas (unsere, eure, ihre).*

Grammaire

G3 ce / cet / cette / ces ... – Die Demonstrativbegleiter → Leçon 4

Du willst ausdrücken, dass du einen ganz bestimmten Gegenstand meinst, z. B. diesen Tisch.

Je vous propose **cette** table.

m.	f.	pl.
ce restaurant	**cette** table	**ces** client**s**
cet apéritif		**ces** client**es**

- Der **Demonstrativbegleiter** (**ce**, **cet**, **cette**, **ces**) ist ein weiterer Begleiter des Nomens.
- Mit ihm kannst du auf bestimmte Personen oder Gegenstände hinweisen.
- Ebenso wie die Possessivbegleiter richten sich auch die Demonstrativbegleiter in Geschlecht und Zahl nach dem Nomen, auf das sie sich beziehen.

Singular
- **ce**   steht vor einem **maskulinen** Nomen, das mit einem **Konsonanten** beginnt.
- **cet**   steht vor einem **maskulinen** Nomen, das mit einem **Vokal** oder stummem **h** beginnt.
- **cette** steht vor einem **femininen** Nomen.

Plural
- **ces**   steht vor **femininen** und **maskulinen** Nomen im **Plural**.

Alles klar? – Du bist dran!

*Hier kannst du die **Demonstrativbegleiter** üben. Die Lösungen findest du auf S. 61.*

1 Quel stress, ce travail!   → Du kannst diese Aufgabe nach Leçon 4 bearbeiten.

Complète les phrases avec **ce**, **cet**, **ces**, ou **ces**.

Philippe: Tu prends ■ poisson pour la table 5, s'il te plaît.
Julie: D'accord. Mais alors, ■ apéritif, c'est pour ■ table aussi?
Philippe: Non, l'apéro est pour ■ monsieur là-bas, à la table 10.
Julie: Et ■ salade?
Philippe: La salade? Attends. Voilà, elle est pour ■ clients, là.

neuf 9

G Grammaire

G4   tout le … / toute la … – Die Indefinitbegleiter → Leçon 5

> *Mit dem Begleiter* **tout** *kannst du auf eine Gesamtheit von Menschen oder Gegenständen hinweisen.*

Singular		Plural	
m.	**f.**	**m.**	**f.**
Il faut contrôler			
tout le stock. *den gesamten Bestand*	**toute la** production. *die gesamte Produktion*	**tous les** produits. *alle Produkte*	**toutes les** boîtes. *alle Dosen*
	toute la marchandise. *die gesamte Ware*	**tous les** camions. *alle Lastwagen*	**toutes les** camionnettes. *alle Lieferwagen*
Il faut questionner			
tout le personnel. *das gesamte Personal*	**toute** l'équipe. *das gesamte Team*	**tous les** vendeurs. *alle Verkäufer*	**toutes les** personnes. *alle Personen*

- *Der Indefinitbegleiter* **tout** *ist ebenfalls ein Begleiter des Nomens. Er weist auf eine Gesamtheit von Menschen oder Gegenständen hin.*
- **Tout** *richtet sich wie die anderen Begleiter in Geschlecht und Zahl nach dem Nomen, auf das es sich bezieht, z. B.* la production → **toute** la production
- *Der Ausdruck* **tout** + *bestimmter Artikel hat im Deutschen zwei Übersetzungen:*

  Im Singular: tout le   toute la   ***der / die / das gesamte***

  Im Plural: tous les   toutes les   ***alle***
- *In der* **Aussprache** *hört man keinen Unterschied zwischen den jeweils maskulinen und femininen Singular- und Pluralformen:*

  tout – tous = [tu]   *und*   toute – toutes = [tut]

Merke dir diese Ausdrücke:

toute la journée	*den ganzen Tag*	tout le monde	*alle (Leute) / jeder*
toute la nuit	*die ganze Nacht*	tous les jours	*jeden Tag*
toute la semaine	*die ganze Woche*		

Alles klar? – Du bist dran!

> *Hier kannst du die* **Indefinitbegleiter** *üben. Die Lösungen findest du auf S. 61.*

1 A Rungis, ça bouge!   → Du kannst diese Aufgabe nach Leçon 5 Approche bearbeiten.
Complète le texte avec **tout le**, **toute la**, **tous les**, **toutes les**.

A minuit, ■ livreurs arrivent au pavillon de la volaille. Puis, ils déchargent ■ marchandise.
Les employés s'occupent de ■ commandes Internet. Les acheteurs négocient ■ prix des produits.
Puis ils les chargent dans ■ camionnettes. A Rungis, on travaille ■ nuit et ■ monde bouge.

Grammaire G

Adjektive

Mit Adjektiven kannst du Personen oder Dinge näher beschreiben.

G5   content / contente – Die Adjektive → Leçon 1

Die Angleichung der Adjektive

Singular		Plural	
m.	**f.**	**m.**	**f.**
Il est triste.	Elle est triste.	Ils sont triste**s**.	Elles sont triste**s**.
Il est seul.	Elle est seul**e**.	Ils sont seul**s**.	Elles sont seul**es**.
Il est content.	Elle est content**e**.	Ils sont content**s**.	Elles sont content**es**.
Il est fatigué.	Elle est fatigué**e**.	Ils sont fatigué**s**.	Elles sont fatigué**es**.
Il est courag**eux**.	Elle est courag**euse**.	Ils sont courag**eux**.	Elles sont courag**euses**.
Il est amour**eux**.	Elle est amour**euse**.	Ils sont amour**eux**.	Elles sont amour**euses**.
Il est jal**oux**.	Elle est jal**ouse**.	Ils sont jal**oux**.	Elles sont jal**ouses**.
Il est agress**if**.	Elle est agress**ive**.	Ils sont agress**ifs**.	Elles sont agress**ives**.

- *Adjektive richten sich nach dem Geschlecht des Bezugswortes (Nomen)* (Il est seul. Elle est seule).
- *Steht das Bezugswort im **Plural** und ist **maskulin**, hängt man in der Regel an die männliche Form des Adjektivs ein **-s** an* (les pulls verts). *Manche maskuline Adjektive haben im Plural auch die Endungen* -eux, -oux *oder* -ifs.
- *Steht das Bezugswort im **Plural** und ist **feminin**, hängt man in der Regel an die männliche Form des Adjektivs ein **-es** an* (les jupes vertes). *Manche feminine Adjektive haben im Plural auch die Endungen* -euses, -ouses *oder* -ives.

Die Stellung der Adjektive

Un	**petit**	chat	.		
Un		chat	**noir**.		
Un	**petit**	chat	**noir**.		

Une	**grande**	souris	.
Une		souris	**blanche**.
Une	**grande**	souris	**blanche**.

- *Die **Adjektive** grand und petit richten sich wie alle Adjektive nach dem Geschlecht des Bezugswortes (Nomen).*
- *Steht das **Bezugswort im Plural** und ist **männlich**, hängt man in der Regel an die männliche Form des Adjektivs ein **-s** an.*
- *Steht das **Bezugswort im Plural** und ist **weiblich**, hängt man in der Regel an die männliche Form des Adjektivs ein **-es** an.*
- *Im Französischen stehen im Unterschied zum Deutschen die **meisten Adjektive hinter** ihrem **Bezugswort**, grand und petit stehen jedoch **vor** ihrem **Bezugswort**.*

G Grammaire

*G6 beau / nouveau → Extra 4

> *Adjektive stehen in der Regel nach dem Nomen, grand / petit und beau / nouveau werden vorangestellt.*

Singular		Plural	
m.	**f.**	**m.**	**f.**
un **beau** cadeau un **bel a**norak	une **belle** robe	des **beaux** cadeaux des **beaux** anoraks	des **belles** robes
un **nouveau** prof un **nouvel é**lève	une **nouvelle** élève	des **nouveaux** profs des **nouveaux** élèves	des **nouvelles** élèves

- *Die Adjektive **beau** und **nouveau** haben im Singular drei Formen:*
  *zwei **maskuline** Formen: **beau / nouveau** vor **Konsonanten***
  *   **bel / nouvel** vor **Vokal** oder **stummem h***
  und
  *eine feminine Form: **belle** und **nouvelle**.*
- *Im Plural gibt es nur **eine** maskuline und **eine** feminine Form.*
- *Das **-x** der maskulinen Form und das **-s** der femininen Form werden vor Vokal und stummem h gebunden.*
- ***Beau** und **nouveau** sind Adjektive, die vor dem Nomen stehen.*

Alles klar? – Du bist dran!

> *Hier kannst du die **Adjektive** beau und nouveau üben. Die Lösungen findest du auf S. 61.*

*1 A la Fête de la Musique   → Du kannst diese Aufgabe nach Extra 4 bearbeiten.
Que disent les visiteurs de la Fête de la Musique?
Complète le texte avec les formes de **beau / nouveau**.

– C'est une b■ chanson.
– Je suis d'accord avec toi. Le chanteur est super.
  Il écrit des b■ textes en plus.
– Est-ce qu'il a sorti un n■ album?
– Oui. Pour l'album, il a travaillé avec un n■ orchestre.
  Moi, j'adore son n■ style.
– Moi aussi. En plus, c'est un b■ homme.
– Cette année, c'est une très b■ fête.
– Et puis, tous ces n■ groupes qui sont en concert …
  C'est vraiment sympa.

12 douze

Grammaire G

Verben und Zeiten

← avant — maintenant — après →

passé composé
Ce matin, **on a fait** du skate.

présent
Maintenant, **on mange** des pizzas.

futur composé
Cet après-midi, **on va aller** à la piscine.

*imparfait
C'était génial.

G7 Je sors avec les copains – Das Präsens

maintenant

Mit dem Präsens schilderst du Ereignisse oder Situationen, die in der Gegenwart stattfinden.

1. Die Verben auf -er

aimer	mögen / lieben

J'   aim**e**
Tu   aim**es**
Il / Elle / On aim**e**   ⎫
Nous   aim**ons**   ⎬ le foot.
Vous   aim**ez**
Ils / Elles aim**ent**   ⎭

*Die Verben auf **-er** haben im Präsens (Gegenwart) alle die gleichen Endungen (-e, -es, -e, -ons, -ez, -ent). Sie werden an den Stamm des Infinitivs angehängt:*

regard → je regard**e**, tu regard**es** …
Stamm

*Du findest die **Verben** auf **-er** mit Besonderheiten (Schreibweise und Aussprache) in der Verbtabelle → G24.1.
Dazu gehören:* **acheter, préférer, manger, commencer, appeler, essayer, payer.**

2. Die Verben auf -dre

attendre	warten

J'   attend**s**
Tu   attend**s**
Il / Elle / On attend   ⎫
Nous   attend**ons**   ⎬ le bus.
Vous   attend**ez**
Ils / Elles attend**ent**   ⎭

*Die Verben auf **-dre** haben im Präsens (Gegenwart) alle die gleichen Endungen (-s, -s, -d, -ons, -ez, -ent). Sie werden an den Stamm des Infinitivs angehängt:*

attend → j'attend**s**, tu attend**s** …
Stamm

*Du findest die **Verben** auf **-dre** in der Verbtabelle → G24.2.*

treize 13

# Grammaire

3. Die Verben auf -ir → Leçon 3

> *Die Verben* **dormir** *(schlafen):*
> je dor**s**, nous dorm**ons** *und* **servir**
> *(servieren):* je ser**s**, nous serv**ons**
> *werden genauso konjugiert.*

partir	*abfahren*	sortir	*ausgehen*
Je par**s**		Je sor**s**	
Tu par**s**		Tu sor**s**	
Il / **Elle** / **On** par**t**	à six heures.	Il / **Elle** / **On** sor**t**	ce soir.
Nous part**ons**		Nous sort**ons**	
Vous part**ez**		Vous sort**ez**	
Ils / **Elles** part**ent**		**Ils** / **Elles** sort**ent**	

Die Verben auf **-ir** *ohne Stammerweiterung haben im Präsens (Gegenwart) alle die gleichen Endungen (-s, -s, -t, -ons, -ez, -ent). Sie werden an den Stamm des Infinitivs angehängt:*

partir / sortir → je par**s** / sor**s**, tu par**s** / sor**s** …

4. Die Verben auf -ir mit Stamm-Erweiterung → Leçon 4

finir	*beenden*	choisir	*(aus)wählen*
Je fini**s**		Je choisi**s**	
Tu fini**s**		Tu choisi**s**	
Il / **Elle** / **On** fini**t**	le match.	Il / **Elle** / **On** choisi**t**	un menu.
Nous fini**ssons**		Nous choisi**ssons**	
Vous fini**ssez**		Vous choisi**ssez**	
Ils / **Elles** fini**ssent**		**Ils** / **Elles** choisi**ssent**	

Die Verben auf **-ir** *mit Stammerweiterung haben im Präsens (Gegenwart) alle die gleichen Endungen (-s, -s, -t, (ss)-ons, (ss)-ez, (ss)-ent). Sie werden an den Stamm des Infinitivs angehängt:*

finir / choisir → je fini**s** / choisi**s**, tu fini**s** / choisi**s** …

> *Die Verben* **réagir** *(reagieren):*
> je réagi**s**, nous réagi**ssons** *und*
> **remplir** *(füllen):* je rempli**s**, nous
> rempli**ssons** *werden genauso*
> *konjugiert.*

Grammaire G

*5. Reflexive Verben → Extra 2

se débrouiller	zurecht kommen
Je **me** débrouille.	
Tu **te** débrouilles.	
Il / **Elle** / **On** **se** débrouille.	
Nous **nous** débrouillons.	
Vous **vous** débrouillez.	
Ils / **Elles** **se** débrouillent.	

s'énerver	sich aufregen
Je **m'**énerve.	
Tu **t'**énerves.	
Il / **Elle** / **On** **s'**énerve.	
Nous **nous** énervons.	
Vous **vous** énervez.	
Ils / **Elles** **s'**énervent.	

- **Reflexive Verben** sind Verben, die immer von einem **Reflexivpronomen** begleitet werden: **me, te, se, nous, vous, se**
- Die Reflexivpronomen **me, te, se** werden vor Vokal oder stummem h zu **m'**, **t'** und **s'**: z. B.: je **m'é**nerve, tu **t'é**nerves, il **s'é**nerve

6. Unregelmäßige Verben

Du findest die **unregelmäßigen Verben** in der Verbtabelle → G24.5. Dazu gehören: **avoir, être, aller, boire, connaître, devoir, dire, écrire, envoyer, faire, lire, mettre, ouvrir, pouvoir, prendre, recevoir, venir, voir** und **vouloir**.

Die unregelmäßigen Verben lernst du am besten auswendig.

G8 Ecoutez – Der Imperativ

*Mit dem **Imperativ** kannst du jemanden **auffordern**, etwas zu tun oder zu lassen. Du kennst schon viele Imperativ-Sätze.*

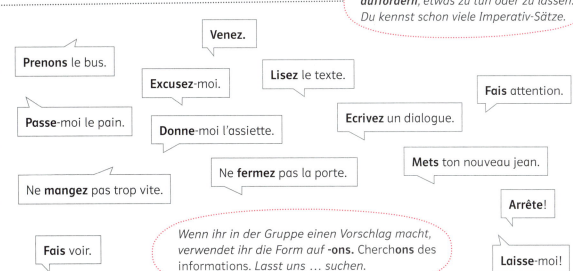

- **Prenons** le bus.
- **Venez.**
- **Excusez**-moi.
- **Lisez** le texte.
- **Fais** attention.
- **Passe**-moi le pain.
- **Donne**-moi l'assiette.
- **Ecrivez** un dialogue.
- Ne **mangez** pas trop vite.
- Ne **fermez** pas la porte.
- **Mets** ton nouveau jean.
- **Arrête**!
- **Fais** voir.
- **Laisse**-moi!

*Wenn ihr in der Gruppe einen Vorschlag macht, verwendet ihr die Form auf **-ons**. Cher**ch**ons des informations. Lasst uns … suchen.*

quinze 15

G Grammaire

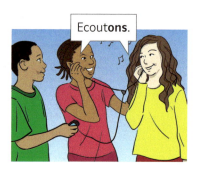

- *Der **Imperativ** drückt einen Befehl oder eine Aufforderung aus.*
- *Der **Imperativ Singular** hat die gleiche Form wie die 1. Person Singular (j'écout**e** – Ecout**e**.)*
- *Der **Imperativ Plural** hat die gleiche Form wie die 2. Person Plural (vous écout**ez** – Ecout**ez**.) oder, wenn die Aufforderung an alle gerichtet ist, die gleiche Form wie die 1. Person Plural (nous écout**ons** – Ecout**ons**.)*

Vergleiche

Regard**e**	Li**s**	Prend**s**	Fai**s**
Regard**ons** les photos.	Lis**ons** le texte.	Pren**ons** le livre.	Fais**ons** attention.
Regard**ez**	Lis**ez**	Pren**ez**	**Faites**

F / D
Beim Imperativ verwendet man im Deutschen ein Ausrufezeichen, im Französischen nur den Punkt.

Regardez aussi dans le tableau des verbes → **G24**.

G9 Qu'est-ce que tu as fait hier? – Das passé composé

← avant

*Das **passé composé** verwendest du, um über **Ereignisse** oder **Handlungen** zu sprechen, die **vergangen** sind.*

1. Das passé composé mit *avoir*

– Voilà, j' **ai** **fait** ma valise.
– Tu **as** **acheté** un cadeau pour ta corres?
– Oui, et on **a** **téléphoné**.
Nous **avons** **parlé** de sa famille.
– Vous **avez** **reçu** le programme de l'échange?
– Oui, les profs **ont** **préparé** plein d'activités.

avoir + participe passé

Du kannst auch in der Verbtabelle nachschlagen → **G24**.

*Die **Verneinung** des **passé composé** findest du in* → **G12**.

16 seize

Grammaire

- *Die meisten Verben bilden das **passé composé** mit **avoir**.*
- *Das **passé composé** („zusammengesetzte Vergangenheit") setzt sich aus zwei Elementen zusammen:* J' **ai** achet**é**.
  avoir + participe passé
- *Die Verben auf **-er** bilden das participe passé auf **-é** (regard**er** – j'**ai** regard**é**).*
- *Bei der **Verneinung** des passé composé umklammern **ne** und **pas** die Form von **avoir**.*
- *Typische **Signalwörter** bei aufeinander folgenden Ereignissen (Ereigniskette), von denen man im passé composé berichtet, sind: **d'abord … ensuite … puis … tout à coup …***

Die Bildung:

j'ai regardé	j'ai attendu	j'ai bu	j'ai appris	j'ai fait	j'ai ouvert
j'ai parlé	j'ai répondu	j'ai lu	j'ai mis		j'ai offert
j'ai choisi	j'ai perdu	j'ai reçu	j'ai pris	j'ai dit	
j'ai fini	j'ai vendu	j'ai vu		j'ai écrit	

Achte auf die Aussprache: présent   passé composé
                               je regarde   j'**ai** regard**é**
                               je fais   j'**ai** fait

2. Das passé composé mit *être* → Leçon 3

Dimanche matin, Lina et Emma **sont parties** en VTT. Elles **sont allées** à un lac.

A midi, Farid et Théo **sont arrivés**.

*Einige wenige Verben bilden das **passé composé** mit **être** + participe passé:* aller, arriver, entrer, rentrer, rester, monter (sur / à), tomber, partir, sortir, venir.

dix-sept 17

G Grammaire

- Das **passé composé** mit **être** setzt sich auch aus zwei Elementen zusammen: Emma **est allée** au collège.
  être + participe passé
- Bei diesen Verben wird das **participe passé** an das **Subjekt angepasst**.

Emma **est allée** dans l'eau. Les autres **sont restés** sur la plage.

Après le pique-nique, **ils sont rentrés** tous ensemble.

je suis allé
tu es allé
il est allé

je suis allée
tu es allée
elle est allée

on est allés

nous sommes allés
vous êtes allés
ils sont allés

on est allées

nous sommes allées
vous êtes allées
elles sont allées

Die Bildung: Wenn das **participe passé** mit **être** gebildet wird, muss man es an das **Subjekt** angleichen:

Subjekt = eine **männliche** Person / ein **männlicher** Gegenstand → –
Subjekt = eine **weibliche** Person / ein **weiblicher** Gegenstand → **-e**
Subjekt = mehrere **männliche** Personen / mehrere **männliche** Gegenstände → **-s**
Subjekt = mehrere **weibliche** Personen / mehrerer **weibliche** Gegenstände → **-es**

je suis all**é** / all**ée**	**je suis** rest**é** / rest**ée**	**je suis** part**i** / part**ie**	**je suis** ven**u** / ven**ue**
je suis arriv**é** / arriv**ée**	**je suis** mont**é** / mont**ée**	**je suis** sort**i** / sort**ie**	
je suis entr**é** / entr**ée**	**je suis** tomb**é** / tomb**ée**		
je suis rentr**é** / rentr**ée**			

Die **Verneinung** des **passé composé** findest du in → G12.

Grammaire G

*G10 C'était super! – Das imparfait → Extra 3

> *Das **imparfait** ist eine Zeitform der **Vergangenheit**, die du verwendest,*
> *– um **Zustände** und **Gefühle** zu schildern,*
> *– um **Gewohnheiten** oder **wiederholte Handlungen** zu beschreiben.*

Il **faisait** beau / chaud / froid.
C'**était** génial / super / difficile.
J'**aimais** regarder les gros bateaux.
L'hiver, je **passais** mes mercredis
à faire du ski.

*Typische **Signalwörter** für das imparfait sind:*
souvent, tous les jours, tous les samedis, …

avoir	*haben*
j' avais	
tu avais	
il / elle / on avait	des bons copains.
nous avions	
vous aviez	
ils / elles avaient	

faire	*machen*
je faisais	
tu faisais	
il / elle / on faisait	du vélo tous les jours.
nous faisions	
vous faisiez	
ils / elles faisaient	

- ***Ausgangsform** für die Bildung des **imparfait** ist der **Stamm** der **1. Person Plural Präsens**.*
- *An diesen Stamm hängt man die imparfait-**Endungen** -ais, -ais, -ait, -ions, -iez, aient.*
  nous faisons – je fais**ais**, tu fais**ais**, il / elle / on fais**ait**, nous fais**ions**, vous fais**iez**, ils / elles fais**aient**

G11 Qu'est-ce que tu vas faire demain? – Das futur composé

après

Qu'est-ce que **tu vas faire** ce week-end?

Je ne sais pas.

> *Das **futur composé** verwendest du, wenn du sagen willst, was du demnächst vorhast.*

Je **vais**
Tu **vas**
Il / Elle / On **va**
Nous **allons**   **chatter** avec des copains.
Vous **allez**
Ils / Elles **vont**

aller + Infinitiv

- *Das **futur composé** („zusammengesetzte Zukunft") setzt sich aus zwei Elementen zusammen:*
  Je **vais**   chatt**er**.
      aller + Infinitiv
- *Bei der **Verneinung** des **futur composé** umklammern **ne** und **pas** die Form von **aller**.*

*Die **Verneinung** des **futur composé** findest du in → G12.*

dix-neuf 19

G Grammaire

> Hier kannst du die **Zeiten** üben. Die Lösungen findest du auf S. 61.

Alles klar? – Du bist dran!

1 On fait, on a fait, on va faire → Du kannst diese Aufgabe nach Leçon 3 bearbeiten.
Présent, passé composé ou futur composé?

	présent	passé composé	futur composé
Qu'est-ce que tu vas faire cet après-midi?	☐	☐	☐
Je sors avec les copains. Et toi?	☐	☐	☐
Moi? Je vais aller au ciné avec ma copine.	☐	☐	☐
Au ciné? Chouette! J'y suis allé hier.	☐	☐	☐
Est-ce que tu as déjà fait tes devoirs?	☐	☐	☐
Non. Je vais les faire ce soir.	☐	☐	☐

*2 A Paris → Du kannst diese Aufgabe nach Extra 3 bearbeiten.
Mets les verbes à l'imparfait.

Quand j■ *(habiter)* à Paris, je ■ *(sortir)* toujours avec ma copine Marie.
On ■ *(avoir)* un joli appartement à Montmartre, près du Sacré-Cœur.
Nous ■ *(aller)* souvent au bord de la Seine et on ■ *(regarder)* les bateaux.
Tous les week-ends, les copains ■ *(venir)* nous voir. C'■ *(être)* super.

3 Tu veux sortir, ce soir? → Du kannst diese Aufgabe nach Leçon 3 bearbeiten.
Complète les phrases.

Marco: Quand est-ce que tu ■ *(partir, futur composé)* pour l'Allemagne?
Aïcha: Dimanche. Mon train ■ *(partir, présent)* tôt, à six heures.
Marco: Avec mes copains, nous ■ *(sortir, présent)* ce soir. Tu ■ *(venir, présent)* avec nous?
Aïcha: Vous ■ *(aller, présent)* où?
Marco: C'est comme tu ■ *(vouloir, présent)*. Tu ■ *(vouloir voir, présent)* le dernier film de Marvel?
Aïcha: Ah, non, je ■ *(déjà aller, passé composé)* au ciné hier.
Marco: Bon, alors ■ *(choisir, impératif)*.
Aïcha: On ■ *(danser, futur composé)*?
Marco: Bonne idée! Mes amis ■ *(adorer, présent)* ça.

20 vingt

Grammaire G

G12 Non, je ne veux pas – Die Verneinung → Leçon 1 / Leçon 4 / Leçon 5

présent							
–		Tu	ne	joues	plus		au tennis?
– Non,		je	n'	ai	plus		envie,
mais		je	ne	dis	rien		à mes parents.
–		Tu	ne	veux	pas	leur	parler?

passé composé							
–		Tu	n'	as	jamais	fait	de motocross?
– Si, mais		je	n'	ai	pas encore	participé	à un stage.
		Je	n'	ai	rien	trouvé	près de chez moi.

Auf eine verneinte Frage antwortest du mit «si».

futur composé							
		Il	ne	va	plus	jouer	au tennis
	et	il	ne	va	rien	dire	à ses parents.
		Ils	ne	vont	pas	comprendre.	

- *Im Französischen bildest du die Verneinung mit den beiden Wörtern **ne** und **pas**.*
- *Sie umklammern das Verb:*
  Farid **ne** va **pas** au stade. / Lina **n'**a **pas** trouvé son sac.
- *Vor Vokal oder stummem h wird **ne** zu **n'***

ne … pas	nicht	ne … jamais	nie
ne … pas encore	noch nicht	*ne … personne	niemanden
ne … rien	nichts		
ne … plus	nicht mehr		

vingt-et-un 21

Pronomen

G13 Pour toi. – Unverbundene Personalpronomen → Leçon 2

*Du verwendest **Pronomen**, wenn du **Wiederholungen vermeiden** willst.*

à	moi *mir*
avec	toi *dir*
chez	lui / elle
derrière	nous *uns*
devant	vous *euch*
pour	eux / elles

*Das **unverbundene Personalpronomen** steht:*
- *nach einer Präposition (avec, pour, chez, sans, sur …)*
- *allein (in Sätzen ohne Verb)*

G14 Il lui montre … – Das indirekte Objektpronomen → Leçon 1 / Leçon 2

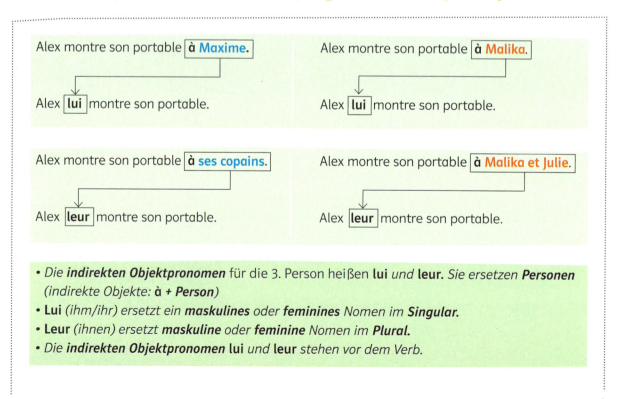

- *Die **indirekten Objektpronomen** für die 3. Person heißen **lui** und **leur**. Sie ersetzen **Personen** (indirekte Objekte: **à** + Person)*
- ***Lui** (ihm/ihr) ersetzt ein **maskulines** oder **feminines** Nomen im **Singular**.*
- ***Leur** (ihnen) ersetzt **maskuline** oder **feminine** Nomen im **Plural**.*
- *Die **indirekten Objektpronomen** lui und leur stehen vor dem Verb.*

	me		m'		mir
	te		t'		dir
Alex	lui	montre son portable et il	lui	explique tout.	ihm / ihr
	nous		nous		uns
	vous		vous		euch / Ihnen
	leur		leur		ihnen

- Das **indirekte Objektpronomen** für die 1. Person Singular (je) lautet **me**,
  für die 2. Person Singular (tu) **te**,
  für die 1. Person Plural (nous) **nous**,
  für die 2. Person Plural (vous) **vous**.
- **Me**, te, nous, vous *stehen* ebenfalls **vor** dem Verb.
- **Me** und **te** werden vor Vokal und stummem h zu **m'** und **t'**.

G15 Je l'apporte. – Das direkte Objektpronomen → Leçon 4

Max place **le client**.
↓
Max **le** place à la table 4.

Max apporte **le menu**.
↓
Max **l'**apporte aux clients.

Max apporte **les verres**.
↓
Max **les** apporte à la table 7.

Max prépare **l'assiette de fromages**.
↓
Max **la** prépare le matin.

Max va chercher **la bouteille de vin**.
↓
Après, Max **l'**ouvre.

Max prend **les serviettes**.
↓
Max **les** met sur la table.

vingt-trois 23

G Grammaire

- Die **direkten Objektpronomen** le, la, l', **les** ersetzen Nomen:
  - le ersetzt ein maskulines Nomen im Singular,
  - la ersetzt ein feminines Nomen im Singular,
  - Vor Vokal oder stummem h werden le und la zu l',
  - **les** ersetzt maskuline und feminine Nomen im Plural.
  - Die **direkten Objektpronomen stehen vor** dem Verb.

	me te le la nous vous les	cherche.	Il	m' t' l' l' nous vous les	attend.	mich dich ihn / es sie uns euch / Sie sie
Max						

- Die **direkten Objektpronomen** für die 1. und 2. Person Singular und Plural lauten wie die indirekten Objektpronomen, haben aber teilweise eine andere Bedeutung.
- **Me**, te, nous, **vous** *stehen* ebenfalls **vor** dem Verb.
- **Me** und **te** werden vor Vokal und stummem h zu **m'** und **t'**.

Alles klar? – Du bist dran!

*Hier kannst du die **Pronomen** üben. Die Lösungen findest du auf S. 61.*

1 A toi! → Du kannst diese Aufgabe nach Leçon 2 bearbeiten.
Complète les phrases avec les prépositions et pronoms.

1. *Julien:* Où est Antoine? – *Simon:* Regarde. Il est ■ ■.
2. Tu viens au motocross ■ ■?
3. Non, je ne peux pas venir. Je dois être ■ ■ à 4 heures.
4. ■ ■, c'est qui? – C'est la pilote qui a gagné.
5. La moto numéro 10 est ■ ■.
6. Mes copains veulent faire du cross. Tu as des casques ■ ■?

chez   moi   devant   à   toi   avec   elle   nous   derrière   vous   pour   eux

24   vingt-quatre

Grammaire

2 Le plâtre d'Antoine → Du kannst diese Aufgabe nach Leçon 2 bearbeiten.
Complète les phrases.

| me / m' | te / t' | lui | nous | vous | leur (2x) |

Julien: Comment ça va, Antoine?
Antoine: J'ai le pied cassé.
Julien: Alors, le docteur va ■ mettre un plâtre?
Antoine: Il ■ a déjà mis, le plâtre. Regarde.
Julien: Voilà le poster du club.
Antoine: Génial. Tiens, j'ai une idée. Tu peux prendre mon plâtre en photo pour les copains, s'il te plaît, et tu ■ montres après?
Julien: D'accord. Tes parents ■ ont appelé. Je ■ ai raconté comment ça s'est passé. Ils viennent plus tard et vont ■ donner tes affaires. Ah, les voilà.
Les parents: Alors, Antoine. Tu ■ racontes ce que le docteur a dit?
Antoine: Bien sûr. Mais d'abord je ■ montre mon plâtre …

Satz

G16 Der einfache Satz → Leçon 3

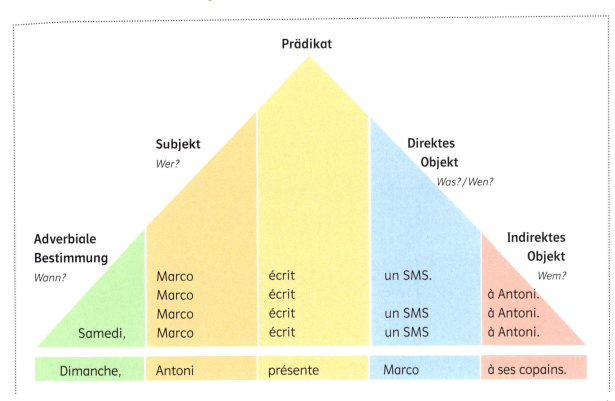

G Grammaire

- Mit einem **einfachen Satz** (Aussagesatz) beschreibt man eine Handlung oder stellt eine Tatsache fest.
- Im **französischen Aussagesatz** ist die **Wortfolge**: Subjekt – Verb – Objekt (SVO)

Marco	**écrit**	**un SMS.**
Subjekt +	Verb +	Objekt

- Bei dem Verb **présenter qn à qn** (jemand jemandem vorstellen) stehen nach dem Verb **zwei** Objekte: Antoni présente **Marco** (**direktes Objekt**) **à ses copains** (**indirektes Objekt**).
- Das **direkte Objekt** steht **direkt nach dem Verb**, das **indirekte Objekt** folgt darauf.
  Es wird immer mit der **Präposition à (au, à la, à l', aux)** angeschlossen.

Objektpronomen stehen **vor dem Prädikat**:

Antoni **montre** sa chambre **à Marco** .
Il **lui** **montre** aussi ses coupes de foot.

Antoni **invite** Marco .
Il **le** **présente** à ses copains.

In Infinitivsätzen steht das Objektpronomen **vor dem Infinitiv**:

Il **veut** **lui** **écrire** un SMS.
Il **va** **lui** **écrire** un SMS.

Ma corres est sympa. Ma corres est sympa, **mais** elle ne parle pas beaucoup.	**mais**	*aber*
Son père parle bien (le) français. Son père parle bien (le) français **parce qu'**il travaille pour Airbus.	**parce que**	*weil*
Je me débrouille. Je me débrouille **quand** je veux acheter quelque chose.	**quand**	*wenn*

Ein **einfacher Satz** kann durch einen anderen Satz (**Nebensatz**) **erweitert** werden.
Dieser wird oft durch eine **Konjunktion eingeleitet**: mais, parce que, quand …

Grammaire

Alles klar? – Du bist dran!

*Hier kannst du den **einfachen Satz** üben. Die Lösungen findest du auf S. 62.*

1 Qui est-ce? → Du kannst diese Aufgabe nach Leçon 3 bearbeiten.
Ecris des phrases correctes dans ton cahier.

1. Lille • de • Marco • vient
2. un échange scolaire • fait • avec • lycée • il • à Cologne • son

3. près • habite • Aïcha • de Toulouse • à Blagnac
4. elle • à • un échange avec • de Buxtehude • participe • un collège

5. Heinrich Heine • Tâm • à • programme • Marseille • et participe • au • habite
6. son • à Munich • travaille • cousin
7. corres • il • trouvé • a • un • lui

8. est • Lucie • Lyon • en 4e • un collège • à • élève • dans
9. une semaine • elle • pour • avec • d'allemand • à Leipzig • part • sa classe

vingt-sept 27

G Grammaire

G17 Verben mit Infinitivsatz → Leçon 2

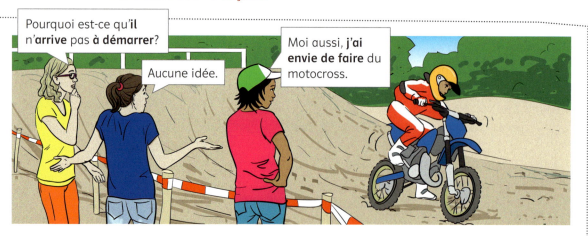

aimer faire	Lina **aime faire** du VTT.
préférer faire	Farid **préfère faire** du motocross.
vouloir faire	Il **veut faire** un stage.
pouvoir faire	Il **peut** le **faire** dans les Pyrénées.
devoir faire	Sur la piste, il **doit mettre** un casque.

- *An die Verben* **aimer**, **vouloir**, **pouvoir**, **devoir** *kann man im Französischen ein* **weiteres Verb** *in seiner* **Grundform (Infinitiv)** *anhängen, um eine Handlung oder Tätigkeit auszudrücken.*
- *Die* **Wortfolge** *in diesen Infinitivsätzen ist:*

   Je   **veux**   **apprendre**   **le français.**
   Subjekt +   *vouloir +*   *Infinitiv +*   *Objekt*

- *Bei der* **Verneinung** *des Infinitivsatzes umklammern* ne *und* pas *die Form von* aimer / vouloir / pouvoir / devoir:

   Je **ne** veux **pas** apprendre le français.

commencer à faire	Tout à coup, il **commence à pleuvoir**.
arriver à faire	Farid n'**arrive** pas **à démarrer**.
avoir envie de faire	Lina **a** aussi **envie de faire** du motocross.

essayer de faire	Dans le virage, Farid **essaie d'accélérer**.
proposer de faire	Le moniteur lui **propose de préparer** une compétition.

An die Verben / Ausdrücke **commencer**, **arriver**, **avoir envie**, **essayer**, **proposer** *kann man im Französischen ebenfalls ein* **weiteres Verb** *in seiner* **Grundform (Infinitiv)** *anhängen. Der Infinitiv wird hierbei entweder mit der Präposition* **à** *oder mit der Präposition* **de** *angeschlossen.*

Grammaire G

G18 Der Fragesatz

Fragen mit est-ce que

– **Est-ce que** tu as trouvé ton portable?
– **Pourquoi est-ce que** tu ne viens pas?

– **Quand est-ce que** vous‿allez au cinéma?
– **A quelle heure est-ce que** le film commence?

Frageformen

– C'est **qui?**
  Wer ist das?

– C'est le patron.

– **Est-ce qu'**il est sympa?
  Ist er nett?

– Oui.

– **Qu'est-ce qu'il y a** dans les camions?
  Was ist in den Lastwagen?

– Des fruits et des légumes.

– **Qu'est-ce qu'**on fait avec la marchandise**?**
  Was machen wir mit der Ware?

– On l'apporte à notre pavillon.

– **A quelle heure est-ce que** les clients arrivent?
  Um wie viel Uhr kommen die Kunden?

– A 3 heures.

– **Quand est-ce** qu'on fait une pause?
  Wann machen wir eine Pause?

– Plus tard.

– **Où est-ce qu'**on peut manger?
  Wo kann man essen?

– Au café «Saint Hubert».

– **Pourquoi est-ce que** tu ne viens pas avec nous?
  Warum kommst du nicht mit uns mit?

– Parce que je n'ai pas faim.

- *In der **gesprochenen und der geschriebenen Sprache** kann man eine **Frage** auch mit der Formel **est-ce que** bilden.*
- *Die **Wortfolge** bleibt wie im Aussagesatz: **Est-ce que + Subjekt + Verb + Objekt***
- *Der Frageformel **est-ce que** kann auch ein **Fragewort** (Pourquoi …, A quelle heure …) vorangestellt werden.*

---

*In der gesprochenen Sprache verwendet man bei **où**, **quand**, **comment** und **à quelle heure** auch die verkürzte Frage ohne **est-ce que:***

Les clients arrivent **à quelle heure**?
On fait une pause **quand**?
On peut manger **où**?

vingt-neuf 29

G Grammaire

G19 Vous faites quel métier? – Die Frage mit quel/quelle → Leçon 5

Vous travaillez pour **quelle** entreprise?

Et **quels** produits **est-ce que** vous vendez?

m.	f.
quel prix	**quelle** entreprise
quels produits	**quelles** commandes

- Der **Fragebegleiter quel** steht vor Nomen und bedeutet „welcher, welche, welches".
- Er richtet sich in Geschlecht (männlich, weiblich) und Zahl (Singular, Plural) nach dem Nomen, auf das er sich bezieht.
- Vor Konsonant werden alle vier Formen gleich ausgesprochen.
- Vor Vokal und stummem h wird das -s von **quels** und **quelles** beim Aussprechen als [z] gebunden: quelles‿entreprises? [kɛlzɑ̃tʀəpʀiz]

G20 Indirekte Rede/Indirekte Frage → Leçon 2 / Leçon 4

Direkte Rede

J'ai mal au pied.

Vous avez le pied cassé.

Je dois rester à l'hôpital.

Indirekte Rede

Antoine **dit qu**'il a mal au pied.

Le médecin **explique** à Antoine **qu**'il a le pied cassé.

Antoine **raconte** à Julien **qu**'il doit rester à l'hôpital.

- Im Aussagesatz kann **die indirekte Rede** z. B. mit folgenden Verben eingeleitet werden: **dire que** (sagen, dass), **expliquer que** (erklären, dass) und **raconter que** (erzählen, dass)
- Die indirekte Rede wird immer mit **que** eingeleitet. Im Französischem steht vor que **kein Komma.**
- Vor Vokalen wird **que** zu **qu'** verkürzt.

Grammaire

Direkte Frage

Vous avez réservé?

Indirekte Frage

Mme Moretti **veut savoir / demande si** le client a réservé une table.

- Die **indirekte Frage** kann z.B. mit **vouloir savoir si** (wissen wollen, ob) eingeleitet werden:
- Vor **il / ils** wird **si** zu **s'** verkürzt. Jedoch **nicht** vor **elle / elles**.
- **Est-ce que** entfällt in der indirekten Frage.

Hier kannst du die indirekte Rede / indirekte Frage üben. Die Lösungen findest du auf S. 62.

Alles klar? – Du bist dran!

1 L'offre d'emploi → Du kannst diese Aufgabe nach Leçon 4 bearbeiten.
Mets les phrases soulignées au discours indirect. Ecris dans ton cahier.
Schreibe die unterstrichenen Sätze und Fragen in der indirekten Form in dein Heft.

Il/Elle
dit que
explique que
raconte que
veut savoir si

Mme Moretti: «Le zinzolin», bonjour.
Romain: Bonjour. Romain Blanc à l'appareil. J'ai lu votre annonce sur Internet.
Mme Moretti: Oui, nous cherchons un serveur pour un mois.
Romain: Je suis étudiant et je cherche un job pour les vacances. Je peux commencer demain si vous voulez.
Mme Moretti: Vous avez de l'expérience?
Romain: Oui. J'ai travaillé dans un café. Le soir, trois fois par semaine.
Mme Moretti: J'ai besoin de quelqu'un tous les jours. De 18 heures à minuit.
Romain: Pas de problème. Je suis flexible. Et quelle est la rémunération?
Mme Moretti: Je vous propose douze euros de l'heure.
Romain: Je suis d'accord.
Mme Moretti: Est-ce que vous pouvez passer cet après-midi à 15 heures pour parler des détails?
Romain: Oui, j'ai le temps. A 15 heures, alors.

trente-et-un 31

G Grammaire

G21 Der Relativsatz mit qui, où, *que → Leçon 5 → Extra 5

Mathis rencontre Gérard. **Gérard** a un restaurant à Paris. ↓ Mathis rencontre Gérard **qui** a un restaurant à Paris. *Mathis trifft Gérard, der ein Restaurant in Paris hat.*	qui	• Ein **Relativsatz** gibt **nähere Informationen** zu einer **Person**, **Sache** oder einem **Ort**. • Er wird durch die **Relativpronomen** qui, *que oder où eingeleitet. • **qui** bezieht sich auf Personen oder Sachen und ist immer **Subjekt** des Relativsatzes. Auf **qui** folgt direkt das Verb. • ***que** bezieht sich auf Personen oder Sachen und ist immer **Objekt** des Relativsatzes. • **où** steht für eine Ortsangabe.
Rungis est un marché. **A Rungis**, les employés travaillent la nuit. ↓ Rungis est un marché **où** les employés travaillent la nuit. *Rungis ist ein Markt, in dem / wo die Angestellten nachts arbeiten.*	où	
Au café Saint Hubert, il y a un vendeur. Mathis **le** connaît bien. ↓ Au café Saint Hubert, il y a un vendeur **que** Mathis connaît bien. *Im Café Saint Hubert ist ein Verkäufer, den Mathis gut kennt.*	*que	

Alles klar? – Du bist dran!

*Hier kannst du den **Relativsatz** üben. Die Lösungen findest du auf S. 62.*

1 Un marché où beaucoup de choses se passent.
Complète les phrases par **qui** ou **où**.

→ Du kannst diese Aufgabe nach Leçon 5 bearbeiten.

Rungis est un marché ■ on peut faire ses courses si on a un restaurant par exemple. Il y a des acheteurs ■ négocient avec les vendeurs. La zone de vente est un endroit ■ les livreurs déchargent leur marchandise. Mme Cassard, ■ a un restaurant à Paris, achète ses produits à Rungis. Rungis est aussi un marché ■ on travaille la nuit. Il y a des étudiants ■ montrent le marché aux touristes. Rungis est un endroit ■ on peut voir beaucoup de choses intéressantes.

32 trente-deux

Grammaire

*2 Un Resto qui a du Cœur. → Du kannst diese Aufgabe nach Extra 5 bearbeiten.
Complète les phrases par **qui, que/qu', où**.

Les Restos du Cœur, c'est un endroit ■ les personnes pauvres peuvent manger en hiver. On sert des repas à des personnes ■ vivent dans la rue. On prépare ces repas avec des produits ■ des producteurs donnent ou vendent pas cher. Et on va aussi dans les supermarchés ■ donnent les fruits et légumes ■ ils ne vendent pas. Les Restos du Cœur sont aussi des lieux de rencontre ■ aident les enfants et les personnes ■ sont en difficulté.

Mengen

G22 Tu bois du lait? – Unbestimmte Mengenangaben → Leçon 3

Au petit-déjeuner, je bois	**du** lait avec **du** cacao, ou **de l'**eau.
Je mange du pain avec	**de la** confiture.
Je mange aussi	**des** fruits

- Gibt man eine **unbestimmte Menge** von etwas **nicht Zählbarem** an, steht **du, de la, de l'** + **Nomen**.
- Bei einer **unbestimmten Menge** von etwas **Zählbarem** steht **des** + **Nomen**.

aber:

J'ai mis	**trop de** sucre sur la crêpe.	**zu viel** Zucker
	beaucoup de lait dans le café.	**viel** Milch
Il **n'**y a	**pas de** beurre dans le frigo.	**keine** Butter
	plus de lait.	**keine** Milch **mehr**

trente-trois 33

G Grammaire

G23 **Où est ma bouteille d'eau?** – Bestimmte Mengenangaben → **Leçon 5**

Dans le frigo, il y a	une bouteille **d'**eau,	**1 litre d'**eau
	un paquet **de** beurre,	**250 grammes de** beurre
	une boîte **de** foie gras.	**100 grammes de** foie gras
Sur la table, il y a	un verre **de** vin,	**1 kilo de** pommes
	un plateau **de** fromage.	

- *Gibt man eine* **bestimmte Menge** *an* (une bouteille, un paquet ...) *steht immer* **de / d'** + **Nomen.**
- *Das gilt auch für Verneinungen* (ne ... pas, ne ... plus):

Il **n'**y a	**pas de** tomates	dans le frigo.
	plus d'olives.	

Vergleiche: Je mange **du** chocolat.

J'ai mangé **une tablette de** chocolat*.

* *eine Tafel Schokolade*

34 trente-quatre

Grammaire G

G24 Konjugationstabelle

1. Verben auf -er

| infinitif | présent | | impératif | passé composé |
	singulier	pluriel		
chercher *suchen*	je cherche tu cherches il / elle / on cherche	nous cherchons vous cherchez ils / elles cherchent	Cherche … Cherchons … Cherchez …	j'**ai** cherch**é**

ebenso: alle regelmäßigen Verben auf -er, die mit Konsonant beginnen, z. B. **r**egarder, **p**arler …

écouter *hören,* *zuhören*	j'**é**coute tu écoutes il / elle / on écoute	nous écoutons vous écoutez ils / elles écoutent	Ecoute. Ecoutons. Ecoutez.	j'**ai** écout**é**

ebenso: alle regelmäßigen Verben auf -er, die mit Vokal oder stummem *h* beginnen,
z. B. **a**dorer, **a**imer …

Verben auf -er mit Besonderheiten

acheter *kaufen*	j'ach**è**te tu ach**è**tes il / elle / on ach**è**te	nous achetons vous achetez ils / elles ach**è**tent	Ach**è**te … Achetons … Achetez …	j'**ai** achet**é**
préférer *vorziehen,* *lieber mögen*	je préf**è**re tu préf**è**res il / elle / on préf**è**re	nous préférons vous préférez ils préf**è**rent		j'**ai** préfér**é**

commencer *anfangen,* *beginnen*	je commence tu commences il / elle / on commence	nous commen**ç**ons vous commencez ils commencent	Commence. Commen**ç**ons. Commencez.	j'**ai** commenc**é**
manger *essen*	je mange tu manges il / elle / on mange	nous mang**e**ons vous mangez ils mangent	Mange … Mang**e**ons … Mangez …	j'**ai** mang**é**

trente-cinq 35

G Grammaire

infinitif	présent singulier	pluriel	impératif	passé composé
appeler *anrufen, rufen*	j'appelle tu appelles il / elle / on appelle	nous appelons vous appelez ils / elles appellent	Appelle … Appelons … Appelez …	**j'ai** appel**é**

infinitif	présent singulier	pluriel	impératif	passé composé
essayer *versuchen*	j'essaie tu essaies il / elle / on essaie	nous essayons vous essayez ils / elles essaient		**j'ai** essay**é**
payer *zahlen, bezahlen*	je paie tu paies il / elle / on paie	nous payons vous payez ils / elles paient		**j'ai** pay**é**

2. Verben auf *-dre*

infinitif	présent singulier	pluriel	impératif	passé composé
attendre *warten*	j'attends tu attends il / elle / on attend	nous attendons vous attendez ils / elles attendent	Attends. Attendons. Attendez.	**j'ai** attend**u**
répondre *antworten*	je réponds tu réponds il / elle / on répond	nous répondons vous répondez ils / elles répondent	Réponds. Répondez.	**j'ai** répond**u**
vendre *verkaufen*	je vends tu vends il / elle / on vend	nous vendons vous vendez ils / elles vendent		**j'ai** vend**u**

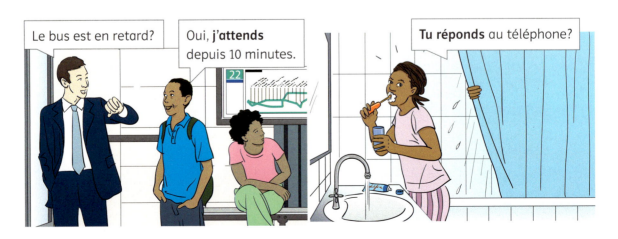

Grammaire G

3. Verben auf -ir

infinitif	présent		impératif	passé composé
	singulier	**pluriel**		
partir *abfahren,* *wegfahren,* *weggehen*	je **pars** tu pars il / elle / on part	nous **partons** vous partez ils / elles partent	Pars. Partons. Partez.	je **suis** parti je **suis** partie il **est** parti elle **est** partie ils **sont** partis elles **sont** parties
sortir *ausgehen,* *mit jdm gehen,* *herausnehmen,* *erscheinen*	je **sors** tu sors il / elle / on sort	nous **sortons** vous sortez ils / elles sortent	Sors. Sortons. Sortez.	je **suis** sorti je **suis** sortie il **est** sorti elle **est** sortie ils **sont** sortis elles **sont** sorties

ebenso: **dormir** *(schlafen)*: je dors, nous dormons – **servir** *(servieren)*: je sers, nous servons

Verben auf -ir mit Stamm-Erweiterung

finir *beenden*	je **finis** tu finis il / elle / on finit	nous **finissons** vous finissez ils / elles finissent	Finis … Finissons … Finissez …	j'ai **fini**
choisir *(aus)wählen*	je **choisis** tu choisis il / elle / on choisit	nous **choisissons** vous choisissez ils / elles choisissent	Choisis … Choisissons … Choisissez …	j'ai **choisi**

ebenso: **réagir** *(reagieren)*: je réag**is**, nous réag**issons** – **remplir** *(füllen)*: je rempl**is**, nous rempl**issons**

4. Reflexive Verben

infinitif	présent	
	singulier	**pluriel**
s'occuper (de) *sich kümmern um*	je m'occupe tu t'occupes il / elle / on s'occupe	nous nous occupons vous vous occupez ils / elles s'occupent
se débrouiller *zurechtkommen*	je me débrouille tu te débrouilles il / elle / on se débrouille	nous nous débrouillons vous vous débrouillez ils / elles se débrouillent

ebenso: **s'énerver** *(sich aufregen)* – **s'entraîner** *(trainieren)*

G Grammaire

5. Unregelmäßige Verben

infinitif	présent singulier	pluriel	impératif	passé composé
avoir *haben*	j'ai tu as il / elle / on a	nous avons vous avez ils / elles ont		j'ai eu
être *sein*	je suis tu es il / elle / on est	nous sommes vous êtes ils / elles sont		j'ai été

Tu as quel âge?

J'ai 13 ans.

Je suis chez Emma. On fait nos devoirs.

aller *gehen, fahren*	je vais tu vas il / elle / on va	nous allons vous allez ils / elles vont	Va … Allons … Allez …	je suis allé je suis allée il est allé elle est allée ils sont allés elles sont allées
boire *trinken*	je bois tu bois il / elle / on boit	nous buvons vous buvez ils / elles boivent		j'ai bu
connaître *kennen*	je connais tu connais il / elle / on connaît	nous connaissons vous connaissez ils / elles connaissent		j'ai connu
devoir *müssen, sollen*	je dois tu dois il / elle / on doit	nous devons vous devez ils / elles doivent		j'ai dû

Grammaire

infinitif	présent singulier	pluriel	impératif	passé composé
dire *sagen*	je **dis** tu dis il/elle/on dit	nous **disons** vous **dites** ils/elles **disent**	Dis. Disons … Dites.	j'**ai dit**
écrire *schreiben*	j'**écris** tu écris il/elle/on écrit	nous **écrivons** vous **écrivez** ils/elles **écrivent**	Ecris … Ecrivons … Ecrivez …	j'**ai écrit**
envoyer *schicken*	j'**envoie** tu envoies il/elle/on envoie	nous **envoyons** vous **envoyez** ils/elles **envoient**	Envoie … Envoyons … Envoyez …	j'**ai** envoy**é**
faire *machen*	je **fais** tu **fais** il/elle/on **fait**	nous **faisons** vous **faites** ils/elles **font**	Fais … Faisons … Faites …	j'**ai fait**
lire *lesen*	je **lis** tu lis il/elle/on lit	nous **lisons** vous lisez ils/elles lisent	Lis … Lisons … Lisez …	j'**ai lu**
mettre *setzen, stellen, legen*	je **mets** tu mets il/elle/on met	nous **mettons** vous mettez ils/elles mettent	Mets … Mettons … Mettez …	j'**ai mis**
offrir *anbieten, schenken*	j'**offre** tu offres il/elle/on offre	nous **offrons** vous **offrez** ils/elles **offrent**	Offre … Offrons … Offrez …	j'**ai offert**

Qu'est-ce que **tu as fait** hier?

trente-neuf 39

G Grammaire

infinitif	présent singulier	pluriel	impératif	passé composé
ouvrir *öffnen, eröffnen*	j'**ouvre** tu **ouvres** il / elle / on **ouvre**	nous **ouvrons** vous **ouvrez** ils / elles **ouvrent**	Ouvre … Ouvrons … Ouvrez …	j'**ai ouvert**
pouvoir *können*	je **peux** tu **peux** il / elle / on **peut**	nous **pouvons** vous **pouvez** ils / elles **peuvent**		j'**ai pu**
prendre *nehmen*	je **prends** tu **prends** il / elle / on **prend**	nous **prenons** vous **prenez** ils / elles **prennent**	Prends … Prenons … Prenez …	j'**ai pris**

ebenso: **apprendre** *(lernen)*, **comprendre** *(verstehen)*

recevoir *erhalten, empfangen*	je **reçois** tu **reçois** il / elle / on **reçoit**	nous **recevons** vous **recevez** ils / elles **reçoivent**		j'**ai reçu**
venir *kommen*	je **viens** tu **viens** il / elle / on **vient**	nous **venons** vous **venez** ils / elles **viennent**	Viens. Venez.	je suis ven**u** je suis ven**ue** il est ven**u** elle est ven**ue** ils sont ven**us** elles sont ven**ues**
voir *sehen*	je **vois** tu **vois** il / elle / on **voit**	nous **voyons** vous **voyez** ils / elles **voient**		j'**ai vu**
vouloir *wollen*	je **veux** tu **veux** il / elle / on **veut**	nous **voulons** vous **voulez** ils / elles **veulent**		j'**ai voulu**

40 quarante

Stratégies

Hören, sehen und verstehen

1 Hören und Verstehen im Dreischritt
Avant l'écoute:
Bereite dich auf das Hören vor: Lies dir die **Überschrift** und die **Aufgabenstellung** durch und schau dir die Bilder ganz genau an. Worum könnte es gehen? Was weißt du schon zu diesem Thema? Gibt es einen Hörauftrag? Wie lautet er?

Qui? (Wer spricht mit wem?)
Où? (Wo befinden sich die Personen?)
Quand? (Wann findet die Handlung statt?)
Quoi? (Worum geht es?)

Pendant l'écoute:
Erstes Hören: Wer spricht (mit wem)? **Wo? In welcher Situation** befinden sich die Personen? **Worum könnte es gehen?** Achte auf die **Stimmen** der Personen und **Hintergrundgeräusche**.
Wie ist die **Stimmung**? Hierzu kannst du dir **Notizen** machen.

Zweites Hören: Überprüfe deine Vermutungen über den Inhalt. Versuche noch mehr zu verstehen und ergänze deine Notizen.

Tipp
Trainiere dein Gedächtnis.
Höre dir z. B. auf Deutsch Nachrichten an und versuche, den Inhalt wiederzugeben.

Après l'écoute:
Vervollständige und ordne deine Notizen.

2 Einen Film verstehen
Schau dir Filme oder Filmszenen **mehrmals** an. Die **Bilder** helfen dir, die Handlung zu verstehen. Achte auf **Gestik**, **Mimik** und **Tonlage** der handelnden Personen und beziehe **Handlungsort**, **Atmosphäre**, **Situation** und **Hintergrund** ein. Mach dazu ein Experiment:
Schau den Film zunächst ohne Ton an und sammle Informationen, die der „Stummfilm" bietet. Formuliere Vermutungen über den Film und schalte beim zweiten Anschauen den Ton dazu.
Versuche, **einzelne Wörter herauszuhören** und stelle Vermutungen an, um was es in der Szene geht.

Tipp
Viele französische Filme gibt es auf DVD mit französischen Untertiteln.

quarante-et-un 41

S Stratégies

Lesen und verstehen

3 Lesen und Verstehen im Dreischritt

Avant la lecture:

Oft erkennst du an der äußeren Form, um welche Textsorte es sich handelt: z. B. Geschichte, Dialog, E-Mail, Blog, Internetseite, Prospekt, Karte, Annonce, Bewerbungsbrief, Comic etc. Die **Textsorte weckt** automatisch **Erwartungen** in dir, welche Informationen du in dem Text finden wirst. **Gebrauchstexte** haben oft eine **vorgeschriebene Form** (z. B. Bewerbungsbriefe) und verwenden **bestimmte Redewendungen**.

Erste Hinweise auf den Inhalt eines Textes erhältst du z. B. durch den **Titel**, die **Gestaltung**, die **Bilder** (Personen, Gegenstände, Ort).

Pendant la lecture:

Finde beim **ersten Lesen** heraus, worum es in dem Text geht (Globalverständnis). Wo sind **Schlüsselwörter** zu finden? Welche **Sätze** sind besonders wichtig? Teile den Text evtl. in **Sinnabschnitte** ein und finde Teilüberschriften. Versuche, **unbekannte Wörter** zu **erschließen** (→ **S5**) oder schlage sie in einem (digitalen) Wörterbuch nach. Kläre Textstellen, die du nicht verstehst.

Après la lecture:

Beantworte die Fragen zum Text oder bearbeite die Aufgaben. Dabei hilft dir die **Lesetechnik scanning** (→ **S4**) weiter. **Komplexere Texte** lassen sich gut in einer **Lesekonferenz** erarbeiten (→ **S17**).

Tipp

Lies den Text mehrmals.

Stratégies

4 Unterschiedliche Lesetechniken nutzen

Scanning: gezielt Informationen in einem Text suchen

Beim Scanning erhältst du vor dem Lesen einen Auftrag und suchst gezielt nach Informationen im Text (z. B. eine Uhrzeit, Preise, Namen etc.). Die gesuchten Begriffe springen dir besser ins Auge, wenn du mit dem Finger von unten nach oben oder in Schlangenlinien über den Text gehst.

Skimming: einen Text überfliegen

Beim Skimming versuchst du dir rasch einen **Überblick über den Textinhalt** zu verschaffen. Dadurch kannst du feststellen, ob ein Text z. B. für ein Referat geeignet ist. Die Technik eignet sich auch, um erste Eindrücke von einer Geschichte zu bekommen oder um zu prüfen, ob ein Internettext die gewünschten Informationen enthält. Lies dabei besonders die **Überschrift**, **hervorgehobene Wörter** oder **Sätze** und **Zwischenüberschriften**. Schau dir beigefügte **Bilder** und **Grafiken** an.

5 Wörter erschließen

Du kannst die Bedeutung unbekannter Wörter oft herausfinden, ohne ein Wörterbuch zu benutzen.
Viele Wörter werden auch in deiner **Muttersprache** oder **anderen Sprachen** verwendet, z. B. in den Bereichen Sport (motocross …) und Technik (E-Mail, SMS…).
Häufig stecken in Wörtern **Teile von Wörtern**, die du bereits kennst, z. B.: **ami**tié, **dessin**er …
Manchmal hilft dir auch der **Zusammenhang**, in dem das Wort steht. Lies dazu den Satz (und evtl. auch den vorherigen und den nächsten Satz) noch einmal genau durch und überprüfe, ob die Bedeutung passen könnte.

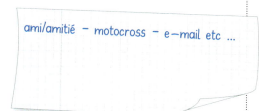

Exemple: Au collège, on a fait un **tournoi** franco-allemand. Notre équipe a gagné.

quarante-trois 43

S Stratégies

6 Wörter nachschlagen / Ein zweisprachiges Wörterbuch benutzen

Du möchtest die Bedeutung eines französischen Wortes nachschlagen?
Du sollst einen französischen Text schreiben und dir fehlt ein Wort oder ein Ausdruck?

In diesen Fällen helfen dir ein zweisprachiges oder ein digitales Wörterbuch.

Beachte die folgenden Hinweise:
1. Gib bei Verben immer den **Infinitiv** ein.
2. Viele Wörter haben **mehrere Bedeutungen** oder **Übersetzungsmöglichkeiten**. Diese sind durch fettgedruckte Zahlen voneinander getrennt.
3. **Überlege genau**, ob die gefundene Bedeutung in den Textzusammenhang passt.

> ①————————②
> **amoureux¹, amoureuse** [amuʀø, amuʀøz]
> ③ verliebt; **être amoureux de** quelqu'un in jemanden verliebt sein; **tomber amoureux de** quelqu'un sich in jemanden verlieben

Zu jedem Eintrag gibt es folgende Angaben:
① **die Schreibweise** (l'orthographe)
② **die Aussprache** (la prononciation)
③ **die Übersetzungsmöglichkeiten**
Im Wörterbuch stehen in der Regel auch Wortverbindungen, Beispielsätze und Redewendungen.

Tipp
*Wenn du nicht sicher bist, ob du die richtige Übersetzung gefunden hast, gibst du das deutsche bzw. französische Wort ein und machst auf diese Weise die **Gegenprüfung**.*

Sich ausdrücken: sprechen und schreiben

7 Ein Telefongespräch führen

Vorbereitung
Wen möchtest du sprechen?
Was ist dein Anliegen? **Welche Fragen** möchtest du klären?
Welche Informationen möchtest du erhalten?
Was möchtest du mitteilen?

Notiere deine Fragen und Sätze auf Französisch und lass dazwischen Platz für die Antworten, so dass du dir während des Telefonats Notizen machen kannst.
Überlege auch aus der Sicht des Angerufenen, was er/sie wohl von dir wissen möchte.
Stell dich darauf ein, dass du Wörter (z. B. deinen Namen oder Adresse) auf Französisch buchstabieren sollst.

Durchführung
Sei höflich; bedanke und verabschiede dich am Ende des Telefongesprächs.
Beachte auch die Redemittel auf S. 81 in deinem Buch. Stell dich darauf ein, dass du nicht gleich alles verstehst.
Diese Formulierungen helfen dir dabei:
Est-ce que vous pouvez répéter, s'il vous plaît?
Pardon, je n'ai pas compris.
Est-ce que vous pouvez parler moins vite?

44 quarante-quatre

Stratégies

8 Médiation

Bei der Mediation geht es nicht darum, alles wortwörtlich zu übersetzen, sondern die **wesentlichen Inhalte** wiederzugeben.

Im Gespräch

In einer deutsch-französischen Gruppe hat jemand etwas nicht verstanden. Du fasst den Inhalt der Aussage kurz auf Deutsch oder auf Französisch zusammen. Überlege, was für deinen Gesprächspartner / deine Gesprächspartnerin wichtig ist.

Ins Deutsche

Erkläre die Situation.
Nenne das Thema.
Fasse den Inhalt zusammen.
Antworte auf Rückfragen.

Ins Französische

Versuche, die wichtigsten Punkte zu benennen.
Setze Gestik und Mimik ein.
Du kannst auch Skizzen anfertigen oder
Symbole verwenden.

Informationen aus Texten

Du erklärst auf Deutsch

Um welchen Text handelt es sich?
Was ist das Thema?
Erläutere den Inhalt.
Achte auf wichtige (Detail)informationen.
Antworte auf Rückfragen.

Du erklärst auf Französisch

Versuche, die wichtigsten Punkte zu benennen.
Setze Gestik und Mimik ein.
Du kannst auch Skizzen anfertigen oder
Symbole verwenden.

9 Blog

In einem Blog berichtest du im Internet in mehr oder weniger regelmäßigen Abständen über deine persönlichen Erlebnisse oder Interessen (z.B. Mode, Musik). Überlege zuerst, **über was** du schreiben willst. Was könnte **für andere interessant** sein? Notiere Ideen in Form von **Schlüsselwörtern**. Beschreibe **Erlebnisse** und deine **persönlichen Eindrücke** und **Gefühle**.

In einem Blog darfst du schreiben, wie du willst. Notiere über den Einträgen das **Datum**, an dem du den Blog geschrieben hast. Du kannst auch Fotos einfügen. Bei Fotos, auf denen andere Personen zu sehen sind, solltest du diese um Erlaubnis fragen.
Wichtig: Beachte immer, dass wirklich **jeder** deinen Blog lesen kann und dass **das Internet nichts vergisst**!

S Stratégies

10 Bildgeschichte

Eine Bildgeschichte kann ein **Fotoroman**, ein **Comic** oder eine **Collage** sein.

1. Sammelt **Ideen** zu eurem Thema. Wie ist der **Verlauf** der Geschichte? Wie soll sie enden?
2. Welche **Szenen** braucht ihr, um die Geschichte zu erzählen?
3. Macht euch einen **Plan** und beschreibt die Szenen (z. B. in einer Tabelle).
4. Findet für jede Szene einen **Dialog**.
5. Gestaltet jede Szene, z. B. indem ihr sie zeichnet oder vorspielt und fotografiert.
6. Klebt die **Zeichnungen** oder **Fotos** in der richtigen Reihenfolge auf und fügt die Dialoge in Sprechblasen hinzu.

11 Résumé

Ein résumé ist die **kurze, sachliche Zusammenfassung** eines Textes im **Präsens**. Finde zunächst die wichtigsten Informationen heraus, indem du zu jedem Abschnitt **Schlüsselwörter** notierst:

– Zeit **(Quand?)**
– handelnde Personen **(Qui?)**
– Handlung **(Quoi?)**
– Ort **(Où?)**

Bilde jetzt aus diesen Informationen Sätze und verbinde diese durch Satzeinleitungen wie *d'abord, puis, ensuite, là, tout à coup, enfin, à la fin.*

Tipp

*Ein gutes résumé ist **viel kürzer** als der Ausgangstext. Das Schreiben funktioniert oft am besten, wenn du nur deine Schlüsselwörter vor Augen hast und den Text beiseite legst.*

Stratégies

12 **Lettre de motivation**

Die folgenden Tipps helfen dir, einen Bewerbungsbrief **knapp** und **präzise**, **höflich** und **korrekt** zu formulieren:

Schreibe Bewerbungsschreiben immer mit dem **Computer** und achte auf eine **neutrale Schrift** und eine **gut lesbare Schriftgröße**.

Ein Bewerbungsschreiben sollte auf eine DIN-A4 Seite passen.

Adresse des Absenders	Virginie Collier
	27 rue de Provence
	84000 AVIGNON
Adresse des Empfängers	Restaurant Le Zinzolin
	A l'attention de Madame Moretti
	Rue Galante
	84000 AVIGNON
Betreff	Objet: Candidature pour un poste de serveur/serveuse
Ort, Datum	Avignon, le 5 juin 2018
Anrede	Madame,
Großbuchstabe	Suite à votre annonce sur Internet, je vous adresse ma candidature pour un poste de serveuse.
Interesse am Stellenangebot	Après mon Brevet Professionnel restaurant, j'ai travaillé pendant plusieurs années dans un restaurant africain. J'aime le contact avec les gens … Je reste à votre disposition pour un entretien.
Schlussformel	Dans l'attente de votre réponse, veuillez agréer, Madame, l'expression de mes salutations distinguées.
Name, Unterschrift	Virginie Collier *Collier*
Verweis auf Anlagen (Pièces jointes)	P.J.: Curriculum vitae

Die **Anrede** deines Briefes lautet *Madame* oder *Monsieur* (ohne den Nachnamen) oder *Mesdames, Messieurs*, wenn du den Adressaten nicht kennst. In der **Schlussformel** wiederholst du die Anrede (*Madame, Monsieur* oder *Mesdames, Messieurs*). Ein Bewerbungsschreiben sollte **fehlerfrei** sein. Verwende daher die Funktion **Rechtschreibprüfung Französisch**. Lies anschließend den Brief noch einmal sehr sorgfältig durch und achte dabei auf **Rechtschreibung**, **Zeichensetzung** und **Grammatik**.

Stratégies

13 Curriculum vitae (CV) – Dein Leben auf einem Blatt Papier

Dein Lebenslauf gibt stichwortartig Auskunft über die **wichtigsten Stationen** deines Lebens und enthält Informationen über deine **persönlichen Daten**, **Fähigkeiten** und **Erfahrungen**. Er sollte am Computer geschrieben, **übersichtlich gestaltet** und **gegliedert** sein und auf eine DIN-A4-Seite passen.

Name	Julie Moretti	(Photo facultative)
Kontaktdaten	Rue Galante	
	Avignon	
	Tél. 05....	
	E-mail: Julie.moretti@mail.fr	
Geburtsdatum	Née le 5 avril 2002	

Schulbildung — **FORMATION**

2014–2017	Collège Honoré de Balzac, Paris XVe

berufliche Erfahrungen — **EXPERIENCE PROFESSIONNELLE**

2017	Job au restaurant Le Zinzolin, Avignon
Juin 2017	Stage de découverte à la Poste, Paris XVe
2015–2016	Aide dans la crêperie Moretti, Paris

spezielle Kenntnisse — **LANGUES – INFORMATIQUE**

Anglais	Depuis la sixième, niveau A2
Allemand	Depuis la sixième, niveau A2
Logiciels	Word, PowerPoint

Interessen — **CENTRES D'INTERET**

Sports	Equitation, canoë, hip-hop
Voyages	A Berlin et en Suisse
Loisirs	Faire la cuisine, lire
Autre	Babysitting

Deine Fremdsprachenkenntnisse führst du unter dem Punkt „**Langues**" auf. Hier kannst/solltest du die Niveaus des internationalen Referenzrahmens (z. B. A2, B1) hinzufügen und auf eventuell erworbene Sprachenzertifikate (DELF A2) verweisen.

Unter dem Punkt „**Centres d'intéret**" kannst du persönliche Interessen und Hobbys hinzufügen; besonders, wenn sie für die Bewerbung interessant sind.

Der französische Lebenslauf enthält **kein Datum** und wird auch **nicht unterschrieben**.

Stratégies

Tipps zum Umgang mit DELF

14

Besonderheiten bei DELF

DELF ist eine Prüfung mit vier Übungsformaten. Diese kennst du bereits von den DELF-Seiten. Hier ein paar Tipps, wie du vorgehen kannst.

Compréhension de l'oral

Vor dem ersten Hören ist es wichtig, dass du dir die Aufgaben genau durchliest und überlegst, worum es in dem Hördokument gehen könnte und welche Antworten logisch wären.

Solltest du beim ersten Anhören nicht sofort alle Fragen beantworten können, ist dies nicht schlimm. Es gibt noch **einen zweiten Durchgang.**

Versuche grundsätzlich **zu allen Fragen** eine Antwort zu geben, auch wenn du dir nicht sicher bist.

Compréhension de l'écrit

Bei der Beantwortung von Fragen darfst du **Aussagen aus dem Text wörtlich übernehmen** und musst keine eigenen Sätze neu formulieren.

Versuche grundsätzlich **zu allen Fragen** eine Antwort zu geben, auch wenn du dir nicht sicher bist.

Production orale

Gehe auf die Frage deines Prüfers ein.
Hast du eine Frage nicht verstanden, frage auf Französisch nach.
Bei Verständnisschwierigkeiten können dir diese Formulierungen helfen:
Pardon, je n'ai pas bien compris.
Vous pouvez répéter, s'il vous plaît?

Production écrite

In diesem Teil musst du ein Formular ausfüllen und einen Text mit einer bestimmten Anzahl von Wörtern verfassen. Beim Wörterzählen sparst du dir Zeit, wenn du **die Wörter einer Zeile** zählst und diese Zahl **mit der Anzahl von Zeilen** deines Textes **multiplizierst**.

Tipp
Gehe im Internet auf die Seite ***www.klett.de/delf***. *Dort kannst du dich kostenlos testen.*

quarante-neuf **49**

S Stratégies

Kooperative Lernformen

15 **Gruppenpuzzle**

1. Zunächst bildet ihr **Stammgruppen** (A, B, C und D) mit je vier Mitgliedern. Jedes Mitglied übernimmt einen Text und bearbeitet für sich die Aufgaben dazu. Danach wird jedem Gruppenmitglied eine Zahl zugeordnet:
Gruppe A: A1, A2, A3, A4
Gruppe B: B1, B2, B3, B4
Gruppe C: C1, C2, C3, C4
Gruppe D: D1, D2, D3, D4

2. Danach bildet ihr **Expertengruppen**, d.h. die Schüler/innen mit der gleichen Zahl treffen sich.
Gruppe 1: A1, B1, C1, D1
Gruppe 2: A2, B2, C2, D2
Gruppe 3: A3, B3, C3, D3
Gruppe 4: A4, B4, C4, D4
Tauscht euch über eure Aufgabe(n) aus und erarbeitet ein gemeinsames Ergebnis.

3. Kehrt nun in die **Stammgruppen** zurück und stellt euch gegenseitig die Ergebnisse vor.

16 **Placemat**

Bei der Placemat-Methode arbeitet ihr zu viert. Teilt ein weißes DIN-A-3-Blatt in 5 Felder ein und setzt euch zu viert um dieses Blatt herum an einen Tisch.
Zuerst denkt **jeder für sich** über das vorgegebene Thema nach und schreibt seine Ideen dazu auf seinen Teil des Blattes.
In einer zweiten Phase **tauscht ihr euch in der Gruppe aus**, indem ihr entweder das Blatt Stück für Stück dreht oder aufsteht und eure Plätze wechselt. Jeder nimmt die Ideen der anderen zur Kenntnis und kann sie mit kleinen Symbolen (z. B. smileys) kommentieren.
Einigt euch dann in der Gruppe auf **gemeinsame Ideen**, die ihr in das mittlere Feld des Blattes schreibt.

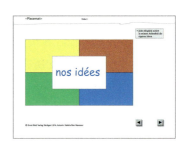

Stratégies

17 Lesekonferenz

Teilt euch die Arbeit in der Gruppe auf. Klärt zunächst den Arbeitsauftrag. Dann liest jeder den Text einmal für sich. Tauscht euch anschließend aus: Wer hat was verstanden? Stellt fest, wo ihr Verständnislücken oder unterschiedliche Ergebnisse habt. Jeder übernimmt nun eine Rolle:

A: schlägt unbekannte Wörter nach,
B: sucht Informationen heraus, die für die Aufgabenstellung wichtig sind.
C: dokumentiert die Ergebnisse,
D: überprüft die richtige Aussprache und präsentiert die Ergebnisse.

18 Schreibkonferenz

Bei einer Schreibkonferenz geht es darum, eure selbst geschriebenen Texte gegenseitig zu korrigieren und Verbesserungsvorschläge zu machen.
Erstellt zuerst gemeinsam mit eurem Lehrer eine **Checkliste** in der ihr festlegt, was einen guten Text ausmacht:

- **Inhalt** (logische Reihenfolge, Vollständigkeit, Verständlichkeit
- Genauigkeit der **Sprache** (Wortschatz, Rechtschreibung),
- **Grammatik** (Zeiten, Verb-Endungen, Satzbau),
- **äußere Form** (z. B. Überschrift, Einleitung, Schluss, Anrede bei Briefen).

Setzt euch dann in Gruppen zu viert zusammen. Jeder ist Experte für einen dieser vier Bereiche. Lest die Texte nacheinander durch und macht (entweder in der Checkliste oder am Blattrand) Notizen in Form von Smileys oder Symbolen. Ihr könnt auch konkrete Verbesserungsvorschläge machen.
Danach liest jeder Schüler / jede Schülerin alle Kommentare zum eigenen Text durch und überarbeitet ihn nach Bedarf.

S Stratégies

19 Szenisches Lesen

Dialoge eignen sich besonders gut für das szenische Lesen. Wie im **Theater** werden die Personen durch das **Spielen** mit verteilten Rollen **lebendig** und erhalten einen Charakter.

Verteilt die **Rollen** oder lost sie aus.

Lest zunächst eure Rolle **leise** vor euch hin. Versetzt euch in die Person und überlegt, in welcher **Stimmung** sie ist. Versucht über **Gestik**, **Mimik** und **Stimme** dieses umzusetzen.

Klärt anschließend (in der Gruppe oder mit eurem Lehrer) **Fragen** zum **Textverständnis** und zur **Aussprache**.

Probt jetzt gemeinsam eure Szene, bis sie gut genug zur Aufführung ist.

Tipp
Im Theater gibt es bei jedem Stück einen Souffleur / eine Souffleuse. Er / Sie hat den gesamten Text vor sich, liest mit und hilft den Darstellern, wenn sie steckenbleiben.

20 Feedback geben – fair und konstruktiv!

Mit der Tipp-Top-Methode könnt ihr euch gegenseitig fair und konstruktiv eine **Rückmeldung zu mündlichen Präsentationen** geben.

Besprecht **vor** der mündlichen Präsentation in der Klasse die Kriterien, die einen guten mündlichen Vortrag auszeichnen. Haltet die Kriterien stichwortartig als **Checkliste** (z. B. an der Tafel oder im Heft) fest.

Nach dem Vortrag nennt ihr zunächst in einer **Top-Runde** alles, was euch gut gefallen hat.

In einer anschließenden **Tipp-Runde** macht ihr **Verbesserungsvorschläge** zu Punkten, die nicht so gut gelungen sind.

Stratégies S

Redemittel für den Schüleraustausch

21 SOS échange

Petites phrases utiles
– J'ai un petit cadeau pour vous.
– Bonne nuit! / A tout à l'heure! / A ce soir!

S'organiser
– A quelle heure est-ce qu'il faut se lever demain?
– A quelle heure est-ce que vous déjeunez le matin?
– A quelle heure est-ce que je dois rentrer?
– On prend le bus à quelle heure?

Tu as un souci
– J'ai un souci.
– Je n'arrive pas à ouvrir la fenêtre / à allumer le chauffage.
– J'ai oublié mon shampooing / mon dentifrice.

– J'ai mal à la tête. Est-ce que vous avez un comprimé?
– Est-ce qu'il y a un supermarché / une pharmacie dans le quartier?

A table
– Est-ce que je peux avoir de l'eau gazeuse / du jus de pomme, s'il vous plaît?
– Je n'aime pas trop le fromage.
– Non merci. Je n'ai plus faim.
– C'est très bon.
– Je suis allergique aux noisettes.
– J'ai une intolérance au lactose.
– Je suis végétarien / végétarienne.
– Je ne mange pas de viande.

Aider
– Est-ce que je peux vous aider?
– Où sont les assiettes / les couteaux?
– Je peux mettre la table si vous voulez.

Poser une question
– Est-ce que je peux prendre une douche?
– Où est la salle de bains? / Où sont les toilettes?
– Est-ce que je peux avoir une serviette de toilette / un sèche-cheveux?
– Tu peux me prêter un sac à dos?
– Est-ce que je peux avoir une bouteille d'eau?

A la fin du séjour
– Merci de votre accueil.
– J'ai beaucoup aimé mon séjour chez vous.

Nützliche Redewendungen
– *Ich habe ein kleines Geschenk für Sie.*
– *Gute Nacht! / Bis gleich! / Bis heute Abend!*

Sich organisieren
– *Um wie viel Uhr müssen wir morgen aufstehen?*
– *Um wie viel Uhr frühstücken Sie / frühstückt ihr?*
– *Um wie viel Uhr soll ich zurück sein?*
– *Um wie viel Uhr nehmen wir den Bus?*

Du hast ein Problem
– *Ich habe ein Problem.*
– *Ich kann das Fenster nicht öffnen / die Heizung nicht anmachen.*
– *Ich habe mein Shampoo / meine Zahnpasta vergessen.*
– *Ich habe Kopfschmerzen. Haben Sie eine Schmerztablette?*
– *Gibt es in der Nähe einen Supermarkt / eine Apotheke?*

Bei Tisch
– *Kann ich bitte Mineralwasser / Apfelsaft haben?*
– *Ich mag Käse nicht besonders.*
– *Nein danke. Ich habe keinen Hunger mehr.*
– *Das schmeckt sehr gut.*
– *Ich bin allergisch gegen Nüsse.*
– *Ich habe eine Laktoseunverträglichkeit.*
– *Ich bin Vegetarier / Vegetarierin.*
– *Ich esse kein Fleisch.*

Hilfe anbieten
– *Kann ich Ihnen helfen?*
– *Wo sind die Teller / die Messer?*
– *Ich kann gerne den Tisch decken.*

Etwas fragen
– *Kann ich bitte duschen?*
– *Wo ist das Bad? / Wo sind die Toiletten?*
– *Könnte ich ein Handtuch / einen Föhn haben?*

– *Könntest du mir einen Rucksack leihen?*
– *Könnte ich eine Flasche Wasser haben?*

Am Ende des Aufenthalts
– *Vielen Dank für Ihre Gastfreundschaft.*
– *Es hat mir sehr gut bei Ihnen gefallen.*

cinquante-trois **53**

Redemittel

Allgemeine Redemittel

Hier findest du die wichtigsten Redemittel in der Reihefolge des Schülerbuches zum Nachschlagen.

mit Freunden sprechen (→ L1)
On dit: Laisse-moi!

Excusez-moi.

Arrête tes conneries.

Quel frimeur!

Ce n'est pas moi.

Fais voir.

Tu as mal compris.

Je suis désolé (e).

Tu es fâché(e)?

Je n'ai pas dit ça.

Je n'ai pas fait exprès.

Laisse-moi!

Excuse-moi.

Ce n'est pas grave.

Ça ne te regarde pas.

Tu ne comprends rien.

Ce n'est pas vrai.

über ein Graffiti-Projekt sprechen (→ Module A)
On dit: Travailler ensemble

Pour travailler ensemble

– Qui est-ce qui prend des photos de nos étapes de travail?
– Où est le pot de peinture pour la sous-couche?
– Tu me passes le rouleau, s'il te plaît?
– Où est-ce que tu veux placer ton graffiti?
– Est-ce que tu peux tenir mon pochoir?
– J'ai besoin de la bombe de peinture bleue.
– Ça ne marche pas. Mon cap est bouché.
– J'ai fini. Mon graffiti est sec.
– Tu peux peindre ton graffiti, maintenant.
– Je vais nettoyer le rouleau.

Pour expliquer les étapes de travail

D'abord, on a préparé le matériel.
Ensuite, on a choisi le pseudonyme / le mot … pour notre graffiti parce que …
On a choisi les couleurs …
On a fait plusieurs esquisses.
On a discuté et on a choisi …
On a découpé le pochoir.
On a peint le graffiti.

Redemittel

mit einem Arzt sprechen (→ L2)
On dit: Qu'est-ce qui ne va pas?

Le / La médecin

– Qu'est-ce qui ne va pas?
– Où est-ce que vous avez mal?

– Vous devez prendre un comprimé
  le matin / à midi / le soir / par jour.
– Vous devez passer une radio.
– Je vous donne une ordonnance pour
  la pharmacie.

Toi

– J'ai mal à la tête / au bras / à l'épaule droite /
  aux genoux …
– J'ai fait une chute.
– Qu'est-ce que je dois faire?
– Je dois prendre des médicaments?
– C'est grave?

über das Frühstück sprechen (→ L3)
On dit: Qu'est-ce que tu prends au petit-déjeuner?

Ton / Ta corres

– Qu'est-ce que tu bois? / Qu'est-ce que tu veux boire?
– Tu prends du lait chaud ou du lait froid?
– Tu veux du yaourt ou du lait avec les céréales?
– Tu veux encore des céréales / des tartines …?
– Tu en veux encore?
– Tu peux me passer la confiture / le miel …, s'il te plaît?
– Tu veux du miel ou de la confiture sur tes tartines?
– Je peux avoir du sucre?

Toi

– Du lait, s'il te plaît.
– Du lait chaud avec du cacao.
– Je veux bien du yaourt.

– Oui, merci. / Non, merci.
– Voilà.
– Du miel.

cinquante-cinq 55

Redemittel

über sich sprechen (→ Module B)
On dit: Mon profile

Ma passion, c'est

la danse
la musique
le théâtre
le cinéma
la photographie
la mode
le sport
la technique
l'informatique

J'adore

cuisiner
voyager

m'occuper | des animaux
| des enfants
| des personnes âgées
| des personnes handicapées

travailler | en équipe
| à l'étranger

Mes expériences

J'ai déjà | fait du babysitting.
| fait un stage à …
| travaillé avec …

Je parle | plusieurs langues.
| anglais, français, …

Je suis bon en …

Je veux | être mon propre chef.
| avoir de la responsabilité.
| gagner beaucoup d'argent.

Mes rêves

Je voudrais avoir | une famille nombreuse.
| une maison.

Je voudrais vivre | en ville.
| à la campagne.
| à l'étranger.

Je ne veux pas | travailler la nuit.
| me lever tôt le matin.
| travailler dehors.

Redemittel

über seine berufliche Zukunft sprechen (→ Module B)
On dit: Parler de l'avenir

Je voudrais faire un stage …

> chez un vétérinaire
> dans une jardinerie
> dans une école maternelle
> dans un commissariat de police
> dans une entreprise automobile
> dans un théâtre
> dans un hôtel
> dans un hôpital

parce que …

J'aimerais travailler

sur un chantier / dans une usine / dans une entreprise / dans une banque / dans un magasin / dans un restaurant / dans un hôtel / dans une agence de voyage / dans un hôpital / dans un collège / dans une école maternelle

J'aimerais devenir

> acteur / actrice
> animateur / animatrice
> artiste / artiste
> boulanger / boulangère
> caissier / caissière
> chauffeur / chauffeur(e)
> cuisinier / cuisinière
> documentaliste / documentaliste
> infirmier / infirmière
> journaliste / journaliste
> médecin / médecin
> peintre / peintre
> pilote / pilote
> professeur / professeur(e)
> serveur / serveuse
> vendeur / vendeuse
> vétérinaire / vétérinaire
> …

mit jemandem wegen eines Jobs telefonieren (→ L4)
On dit: Au téléphone

La personne qui est appelée

– Allô?

– C'est moi-même. / Un instant, s'il vous plaît.

– Vous avez de l'expérience?

– … euros de l'heure.
– Vous pouvez passer pour un entretien ce soir / …?
– A … heures, ça vous va?

Toi

– Bonjour. Lucas Rigaux à l'appareil. Je voudrais parler à monsieur / madame …

– Je vous appelle au sujet de votre annonce.
– J'ai déjà fait …
– Quelle est la rémunération?

– Oui. A quelle heure?
– D'accord. Au revoir.

Redemittel

Gespräche im Restaurant (→ L4)
On dit: Au restaurant

Le client / La cliente	Le serveur / La serveuse
A l'entrée – Vous avez une table pour quatre personnes? – J'ai réservé une table pour … personnes. – Au nom de …	– Vous avez réservé? – Vous pouvez attendre? – A quel nom?
La commande – Vous avez un menu végétarien? – Je prends le plat du jour / le menu à … euros. – Moi, je ne prends pas de menu. Je prends à la carte.	– Voilà les cartes. – Oui, bien sûr. – Vous avez choisi? – Je vais demander au cuisinier.
Une réclamation – Excusez-moi, il y a une erreur: je n'ai pas commandé ça. – La viande est froide. – Est-ce que vous avez du sel?	– Désolé(e), je vais régler ça.
L'addition – S'il vous plaît! – On voudrait l'addition. / On voudrait payer.	– J'arrive.

einen Text zusammenfassen (→ L5)
On dit: Faire un résumé

Où se passe l'histoire? **Qui** est le personnage principal?	L'histoire se passe à … C'est … Le personnage principal s'appelle … Il est …	D'abord, … Puis, … Ensuite, … A … heures, … … minutes plus tard, …
Quel est son **problème**? Qu'est-ce qu'il fait?	Il a un problème: … Il parle avec … / Il rencontre …	A la fin, …
Est-ce qu'il y a une solution?	Mais il …	

58   cinquante-huit

Redemittel

über eine Stadt sprechen (→ Module C)
On dit: Parler d'une ville

C'est / … se trouve
  dans le nord   de la France
  dans le sud
  au centre

  au nord de / au sud de Lyon
  à l'ouest de / à l'est de Paris
  dans la région parisienne

  en Bretagne / en Provence / en Corse

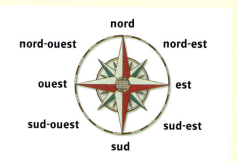

Fragen zur Geografie stellen (→ Module C)
On dit: Parler de la géographie

Où se trouve …?
D'où viennent les …?
Où est-ce qu'on cultive …?
Où est-ce qu'on construit / fabrique …?
Où est-ce qu'on produit …?
Qu'est-ce qu'on cultive en …?
Qu'est-ce qu'on construit / fabrique à …?
Où est-ce qu'on produit à …?

Il y a combien d'habitants à … ?
Combien de kilomètres est-ce qu'il y a entre … et …?
Comment s'appelle la montagne qui se trouve …

Quel fleuve traverse …?
Quelle montagne forme une frontière entre la France et …?
Quels produits est-ce qu'on fabrique à …

vergleichen (→ Module C)
On dit: Comparer

La France est **plus grande que** l'Allemagne.
Toulouse est **moins grande que** Marseille.
Strasbourg est presque **aussi grande que** Nantes.

Le mont Blanc est **plus haut que** le pic du Midi.
La Loire est **plus longue que** le Rhône.

Lyon a **plus d'**habitants **que** …
Avignon a **moins d'**habitants **que** …
Lyon a **autant d'**habitants **que** …

grand / grande
petit / petite
haut / haute
long / longue

La plus grande ville de la France, c'est …
Le plus haut sommet du Massif central, c'est …

cinquante-neuf 59

Redemittel

über ein Bild sprechen (→ Extra 1)
On dit: Parler d'un tableau

Sur le tableau, il y a …
A gauche / Au milieu / A droite, on peut voir …
Au premier plan …
Dans le fond …

Le titre, c'est …
Quand je regarde le tableau / la façade, je pense à …
J'aime le tableau / Je n'aime pas le tableau parce que …

über seinen Lebenslauf sprechen (→ Extra 3)
On dit: Ma biographie

Je suis né / née à …
En 2010, j'ai déménagé à …
J'aime bien cette ville, ce quartier parce que …
Depuis trois ans, j'habite à …
Pendant deux ans, j'ai fait du … / de la … dans un club.

Maintenant, je fais de la … / du …
J'ai un cours tous les mercredis.
En 2014, j'ai fait un stage dans l'entreprise …
pendant 2 semaines.
Je suis allé(e) à l'étranger à …

über ein Fest sprechen (→ Extra 4)
On dit: Parler d'une fête

Le 21 juin, chaque année, il y a la fête de … à …
Tous les deux ans, c'est la fête de … en … / à …
Cette fête a lieu dans une salle / dehors / dans la rue / dans un parc …
Pendant cette fête, les musiciens / les animateurs / les spectateurs …
L'ambiance est …

über eine Organisation sprechen (→ Extra 5)
On dit: Parler d'une association

… (le nom), c'est une association

qui aide les pauvres / …
qui distribue des repas / …
qui s'occupe des animaux / …

L'association organise … au profit de …
Avec l'argent, on finance / paie / fait / réalise / construit …
… (le nom), c'est la personne qui a fondé … / qui organise …

Lösungen der Übungen

zu G3
1 Quel stress, ce travail!

Philippe: Tu prends **ce** poisson pour la table 5, s'il te plaît.
Julie: D'accord. Mais alors, **cet** apéritif, c'est pour **cette** table aussi? *Philippe:* Non, l'apéro est pour **ce** monsieur là-bas, à la table 10. *Julie:* Et **cette** salade? *Philippe:* La salade? Attends. Voilà, elle est pour **ces** clients, là.

zu G4
1 A Rungis, ça bouge!

A minuit, **tous les** livreurs arrivent au pavillon de la volaille. Puis, ils déchargent **toute la** marchandise. Les employés s'occupent de **toutes les** commandes Internet. Les acheteurs négocient **tous les** prix des produits. Puis ils les chargent dans **toutes les** camionnettes. A Rungis, on travaille **toute la** nuit et **tout le** monde bouge.

zu *G6
*1 A la Fête de la Musique

C'est une **belle** chanson. – Je suis d'accord avec toi. Le chanteur est super. Il écrit des **beaux** textes en plus. – Est-ce qu'il a sorti un **nouvel** album? – Oui. Pour l'album, il a travaillé avec un **nouvel** orchestre. Moi, j'adore son **nouveau** style. – Moi aussi. En plus, c'est **bel** homme. – Cette année, c'est une très **belle** fête. – Et puis, tous ces **nouveaux** groupes qui sont en concert … C'est vraiment sympa.

zu G7, G9 und G11
1 On fait, on a fait, on va faire

	présent	passé composé	futur composé
Qu'est-ce que tu vas faire cet après-midi?	☐	☐	☒
Je sors avec les copains. Et toi?	☒	☐	☐
Moi? Je vais aller au ciné avec ma copine.	☐	☐	☒
Au ciné? Chouette! J'y suis allé hier.	☐	☒	☐
Est-ce que tu as déjà fait tes devoirs?	☐	☒	☐
Non. Je vais les faire ce soir.	☐	☐	☒

zu *G10
*2 A Paris

Quand j'**habitais** à Paris, je **sortais** toujours avec ma copine Marie. On **avait** un joli appartement à Montmartre, près du Sacré-Cœur. Nous **allions** souvent au bord de la Seine et on **regardait** les bateaux. Tous les week-ends, les copains **venaient** nous voir. C'**était** super.

zu G7, G9 und G11
3 Tu veux sortir, ce soir?

Marco: Quand est-ce que tu **vas partir** pour l'Allemagne?
Aïcha: Dimanche. Mon train **part** tôt, à six heures.
Marco: Avec mes copains, nous **sortons** ce soir. Tu **viens** avec nous?
Aïcha: Vous **allez** où?
Marco: C'est comme tu **veux.** Tu **veux voir** le dernier film de Marvel?
Aïcha: Ah non, je **suis déjà allée** au ciné hier.
Marco: Bon, alors **choisis.**
Aïcha: On **va danser?**
Marco: Bonne idée! Mes amis **adorent** ça.

zu G13
1 A toi!

1. *Julien:* Où est Antoine? – *Simon:* Regarde. Il est **devant / derrière toi.**
2. Tu viens au motocross **avec nous?**
3. Non, je ne peux pas venir. Je dois être **chez moi** à 4 heures.
4. **Derrière / Devant nous**, c'est qui? …
5. La moto numéro 10 est **à elle.**
6. Mes copains veulent faire du cross. Tu as des casques **pour eux?**

zu G14
2 Le plâtre d'Antoine

Julien: Comment ça va, Antoine?
Antoine: J'ai le pied cassé.
Julien: Alors, le docteur va **te** mettre un plâtre?
Antoine: Il **m'**a déjà mis, le plâtre. Regarde.
Julien: Voilà le poster du club.
Antoine: Génial. Tiens, j'ai une idée. Tu peux prendre mon plâtre en photo pour les copains s'il te plaît, et tu **leur** montres après?
Julien: D'accord. Tes parents **m'**ont appelé. Je **leur** ai raconté comment ça s'est passé. Ils viennent plus tard et vont **te** donner tes affaires. Ah, les voilà.

soixante-et-un 61

Lösungen der Übungen

Les parents: Alors, Antoine. Tu **nous** racontes ce que le docteur a dit?

Antoine: Bien sûr. Mais d'abord je **vous** montre mon plâtre …

zu G16
1 Qui est-ce?

1. Marco vient de Lille.
2. Il fait un échange scolaire à Cologne avec son lycée.
3. Aïcha habite à Blagnac près de Toulouse.
4. Elle participe à un échange avec un collège de Buxtehude.
5. Tâm habite à Marseille et participe au programme Heinrich Heine.
6. Son cousin travaille à Munich.
7. Il lui a trouvé un corres.
8. Lucie est élève en 4e dans un collège à Lyon.
9. Elle part pour une semaine à Leipzig avec sa classe d'allemand.

zu G20 (Musterlösung)
1 L'offre d'emploi

Romain **dit qu'il a lu son annonce sur Internet.**
Mme Moretti **explique qu'ils cherchent un serveur pour un mois.** Romain **raconte qu'il est étudiant et qu'il cherche un job pour les vacances.** Il explique qu'il peut commencer demain si elle veut. Mme Moretti **veut savoir si Romain a de l'expérience.** Romain **dit qu'il a travaillé dans un café.**
Mme Moretti **explique qu'elle a besoin de quelqu'un tous les jours.** Romain **dit qu'il est flexible.** Mme Moretti **explique qu'elle lui propose douze euros de l'heure.** Romain **dit qu'il est d'accord.** Mme Moretti **veut savoir s'il peut passer cet après-midi à 15 heures pour parler des détails.**
Romain **raconte qu'il a le temps.**

zu (*)G21
1 Un marché où beaucoup de choses se passent.

Rungis est un marché **où** on peut faire ses courses si on a un restaurant par exemple. Il y a des acheteurs **qui** négocient avec les vendeurs. La zone de vente est un endroit **où** les livreurs déchargent leur marchandise. Mme Cassard, **qui** a un restaurant à Paris, achète ses produits à Rungis. Rungis est aussi un marché **où** on travaille la nuit. Il y a des étudiants **qui** montrent le marché aux touristes. Rungis est un endroit **où** on peut voir beaucoup de choses intéressantes.

*2 Un Resto qui a du Cœur.

Les Restos du Cœur, c'est un endroit **où** les personnes pauvres peuvent manger en hiver. On sert des repas à des personnes **qui** vivent dans la rue. On prépare ces repas avec des produits **que** des producteurs donnent ou vendent pas cher. Et on va aussi dans les supermarchés **qui** donnent les fruits et légumes **qu'**ils ne vendent pas. Les Restos du Cœur sont aussi des lieux de rencontre **qui** aident les enfants et les personnes **qui** sont en difficulté.

Verzeichnis der grammatischen Begriffe

In der linken Spalte findest du die wichtigsten der im Grammatischen Beiheft verwendeten Begriffe. Das Grammatikkapitel (G ...) nennt die Stelle, an der du etwas über den Begriff erfährst. Die mittlere Spalte enthält Entsprechungen, die du vielleicht noch aus der Grundschule kennst. In der rechten Spalte werden die französischen Bezeichnungen sowie französische Beispiele aufgeführt.

Verwendete Begriffe	Entsprechungen	Französische Bezeichnungen und Beispiele
Adjektiv (G5, *G6)	Eigenschaftswort	l'adjectif: *grand, petit, beau, nouveau, noir, blanc*
Artikel (G1) • bestimmter ~ • unbestimmter ~	Geschlechtswort	l'article • ~ défini: *le lit, la table, l'armoir, les chaises* • ~ indéfini: *un copain, une copine, des copains*
Aussagesatz (G16)		la phrase déclarative: *Malika porte un sac.*
Bindung (G1)		la liaison: *les_histoires, des_autoroutes, nous_avons*
Demonstrativbegleiter (G3)		le déterminant démonstratif: *ce/cet/cette/ces*
Femininum (G1, G3 – *6, G9, G14 – 15, G19)	weibliches Geschlecht	le genre féminin: *une copine, la chaise*
Fragebegleiter (G19)		le déterminant interrogatif: *quel/quelle*
Fragesatz (G18) • ~ mit est-ce que		la phrase interrogative: *C'est qui?* • ~ avec est-ce que: *Est-ce qu'on va au cinéma?*
Fragewort (G18)		l'interrogatif: *quand, où, qui, pourquoi, etc.*
Imperativ (G8, G24)	Befehlsform	l'impératif: *Ecoute./Ecoutez./Ecoutons.*
Indefinitbegleiter (G4)		le déterminant indéfini: *tout le/toute la/tous les/ toutes les*
indirekte Rede / Frage (G20)		le discours indirect: *Antoine dit qu'il a mal au pied. Mme Moretti demande si le client a réservé une table.*
Infinitiv (G7, G11, G17)	Grundform	l'infinitif: *avoir, regarder, attendre, mettre*
Infinitivsatz (G17)		la proposition infinitive: *J'aime danser./Nous voulons faire une balade à vélo.*
Konsonant (G3, *G6, G19, G24)	Mitlaut	la consonne: *b, c, d, f, etc.*
Maskulinum (G1, G3 – *6, G9, G14 – 15, G19)	männliches Geschlecht	le genre masculin: *un copain, le lit*
Mengenangaben • bestimmte ~ (G23) • unbestimmte ~ (G22)		les quantités: • *deux kilos de, 200 grammes de, etc.* • *du lait, de l'eau, de la confiture, des fruits*
Nomen (Substantiv) (G1 – *6, G14 – 15, G19, G22 – 23)	Hauptwort, Namenwort	le nom (substantif): *la danse, l'orange, le pantalon*
Objekt (G16 – 18, G21) • direktes ~ • indirektes ~	Satzergänzung • Akkusativobjekt • Dativobjekt	le complément d'objet: • ~ direct: *Elle porte un sac.* • ~ indirect: *Elle donne le sac à sa copine.*
Objektpronomen • direkte ~ (G15) • indirekte ~ (G14)	Fürwörter als • direktes Objekt • indirektes Objekt	le pronom objet: • ~ direct: *Je l'apporte.* • ~ indirect: *Alex lui montre son portable.*
Personalpronomen (G13) • unverbundene ~	persönliches Fürwort	le pronom personnel tonique: *avec toi, chez lui, devant nous, etc.*
Plural (G1, G3 – *6, G8, G14 – 15)	Mehrzahl	le pluriel: *les chaussettes*
Possessivbegleiter (G2)	besitzanzeigendes Fürwort	le déterminant / l'adjectif possessif: *mon/ma/mes ... mon sac notre/votre/leur ... votre prof*
Präsens (G7, G24)	Gegenwart	le présent: *Je regarde des photos.*
Relativsatz (G21)	eingeleiteter Nebensatz	la proposition relative: *Mathis rencontre Gérard qui a un restaurant à Paris.*
Singular (G1, G3 – *6, G8, G14 – 15)	Einzahl	le singulier: *une chaussette*
Verb • regelmäßiges ~ (G7, G24) • unregelmäßiges ~ (G7, G24) • reflexives ~ (G7, G24)	Tätigkeits-, Tun-, Zeitwort	le verbe: • ~ régulier: *regarder, répondre, etc.* • ~ irrégulier: *avoir, être, faire, etc.* • ~ pronominal: *s'appeler, s'occuper de, etc.*

soixante-trois 63

Verzeichnis

Verwendete Begriffe	Entsprechungen	Französische Bezeichnungen und Beispiele

Vergangenheit
• einfache ~ (*G10)
• zusammengesetzte ~ mit avoir /être
  (G9, G24)
		le passé:
		• l'imparfait: *C'était super!*
		• ~ composé avec avoir / être: *j'ai chatté, il est allé /*
		  elle est allée

Verneinung (G9, G11–12, G17, G23)		la négation: *Il n'aime pas le rugby. / Je n'ai pas* *traîné. / Nous n'allons pas jouer au foot.*
Vokal (G1, G3, *G6, G7, G12, G14–15, G19–20, G24)	Selbstlaut	la voyelle: *a, e, i, o, u, y*
zusammengesetzte Zukunft (G11)		le futur composé: *Ce week-end, je vais faire du vélo.*

Stichwortverzeichnis → Die Zahlenangaben verweisen auf die jeweiligen Paragraphen.

2 kilos de	bestimmte Mengenangaben	G23
acheter	Konjugation im Präsens	G7
aimer	Infinitivsatz	G17
Artikel	unbestimmter Artikel	G1
	Singular	
	bestimmter Artikel Singular	G1
	unbestimmter Artikel Plural	G1
	bestimmter Artikel Plural	G1
attendre	Konjugation im Präsens	G7
avoir		G7, G24
beau		*G6
beaucoup de	unbestimmte Mengenangaben	G22
Bindung		G1
ce/cet/cette/ces	Demonstrativbegleiter	G3
C'était super!	das *imparfait*	*G10
commencer	Konjugation im Präsens	G7
des	unbestimmter Artikel Plural	G1
Ecoutez.	Imperativ	G8, G24
Elle a chatté.	*Passé composé* mit *avoir*	G9, G24
est-ce que	Frageformel	G18
être		G7, G9, G24
Frage	mit *est-ce que*	G18
	mit Fragewort	G18
	verschiedene Fragen	G18
	mit *quel/quelle*	G19
grand/grande	Adjektive	G5
	Stellung der Adjektive	G5
Il est allé.	*Passé composé* mit *être*	G9, G24
Il lui montre.	indirektes Objektpronomen	G14
Imperativ		G8, G24
Je l'apporte.	direktes Objektpronomen	G15
le/la/l'	bestimmter Artikel Singular	G1
	Objektpronomen	G15
les	bestimmter Artikel Plural	G1
	Objektpronomen	G15

manger	Konjugation im Präsens	G7
mettre	Konjugation im Präsens	G7
mon/ton/son	Possessivbegleiter	G2
ne ... pas	Verneinung	G12
notre/votre/leur	Possessivbegleiter	G2
nouveau		*G6
petit/petite	Adjektive	G5
	Stellung der Adjektive	G5
pour toi	unverbundene	G13
	Personalpronomen	
pouvoir	Infinitivsatz	G17
préférer	Konjugation im Präsens	G7
Qu'est-ce que tu vas faire demain?	zusammengesetzte Zukunft	G11
quel/quelle	Fragebegleiter	G19
*qui, où, *que*	Relativsatz	G21
regarder	Konjugation im Präsens	G7
SVO	Satzstellung	G16
tout le/toute la/ ...	Indefinitbegleiter	G4
un/une	unbestimmter Artikel Singular	G1
un peu de	unbestimmte Mengenangaben	G22
Verben	auf *-er*	G7, G24
	auf *-er* mit Besonderheiten	G7, G24
	auf *-dre*	G7, G24
	reflexive	G7, G24
	unregelmäßige	G7, G24
Verneinung	Fragen	G12
	Infinitivsatz	G17
	Präsens	G12
	zusammengesetzte	G9, G12
	Vergangenheit	
	zusammengesetzte Zukunft	G11, G12
vouloir	Infinitivsatz	G17